上海记忆

SHANGHAI JIYI

上海话朗读

钱乃荣 主编

上海大学出版社

图书在版编目(CIP)数据

上海记忆:上海话朗读/钱乃荣主编. —上海:上海大学出版社,2018.8
ISBN 978-7-5671-3216-0

Ⅰ.①上… Ⅱ.①钱… Ⅲ.①吴语-上海-文集 Ⅳ.①H173-53

中国版本图书馆 CIP 数据核字(2018)第 173917 号

责任编辑　黄晓彦
封面设计　缪炎栩
技术编辑　金　鑫　章　斐

上　海　记　忆

上海话朗读

钱乃荣　主编

上海大学出版社出版发行
(上海市上大路 99 号　邮政编码 200444)
(http://www.press.shu.edu.cn　发行热线 021-66135112)
出版人　戴骏豪

*

上海市印刷四厂印刷　各地新华书店经销
开本 890mm×1240mm　1/32　印张 6.5　字数 170 000
2018 年 9 月第 1 版　2018 年 9 月第 1 次印刷

ISBN 978-7-5671-3216-0/H·356　定价:20.00 元

前　言

　　上海是一个充满生机、充满生活张力的国际大都市，从19世纪中叶开埠以来积累了深厚的文化宝藏。翻开那些被岁月掩盖了的大街小巷的历史积淀探明原貌，对那些自然流露在方言活语中的岁月印痕细细品味，并勾起自己脑海中对历史陈迹的斑驳记忆，会对上海这个多彩奇特城市的灿烂文化增添更加感性的理解和深切的热爱。

　　近年来，随着推进文化大繁荣的理念越来越得到各级地方政府的重视，地方文化的复兴也越来越得到各个阶层民众自觉的参与和积极的投入。特别是在上海这块大众文化基础原来就相当深厚的沃土上，广大群众都是真心实意地尽力参与保护和传承上海文化，其中得到非常重视的一点就是大家对母语上海话的保护和传承，从学好上海话做起，做一个上海好市民。随着自媒体时代的到来，尤其是微信的大发展，更有越来越多志愿者行动起来自觉保护传承上海方言和海派文化。近一年来，微信中涌现了大量的"上海话朗读"，受到大众的热烈欢迎，传播迅速广泛，如一篇《海派淮海路》点击阅读者超过10万人。许多文章下面的留言里留下了不少读者、听者令人感动的联想和补充，以及深切的共鸣。一些公众平台也是热情的志愿者，如"学上海话""麦唐作""吴越小猪"等微信公众号平台，积极为制作"上海话朗读"微信服务。

　　为了使这些精彩的"上海话朗读"得到多种方式的传播，让更多人听到上海话的亲切声音和上海文化的动人回忆，并通过上海话朗读来学好上海话，我们第一个行动起来，抱着挖掘优秀文化、传承优秀文化的愿望，选择微信上的精彩作品，特编辑了这本书。书中一共收录有48篇作品，把它展示出来，为更多的民众输送优秀的上海文化,唤起大家一起来传承上海海纳百川的海派文化。

这本书一是面对中老年朋友,是他们对上海历史文化的一个回忆,一个深情的回味;同时,它也面向年轻一代,让青少年读者通过阅读和聆听,更有兴趣加深了解上海的历史,感触到上海文化的博大精深,这就是一个传承,传承弘扬上海"海纳百川、追求卓越、开明睿智、大气谦和"的城市精神。

此书还展示了上海话不仅能说,能唱,也可以朗读;上海话的朗读不但可以读上海方言口语的资料,而且还可以朗诵现代诗歌(如《上海个一弯眉峰》),可以读近现代报纸和刊物上的任何文章(如《"京派"与"海派"》),还可以读文言文(如《老上海个赏梅之地》)、吟诵古典诗词(如《向明中学个古诗词吟诵》)。

对于本书的署名方式,这里作一交代。本书的内容来源于网上取名为"上海话朗读"的微信帖子,除了更正几个错误之外,都沿用原来的署名方式。"作者",是指文章的原作者姓名,许多文章原是普通话的版本;"改编",多指将普通话文章改为上海话文章的改写者姓名,有的文章在改编时有删节或少量调整;"朗读",说明朗读者姓名。

通过出版"上海话朗读"这样的一个途径来传播上海话作品,我们为上海话、上海民俗的保护传承、上海城市精神的继承和弘扬提供一个崭新的视野和平台。我们相信在大家共同的努力下,群众中不断会有创新,通过微信和本书所附二维码这样的平台,影响更多的民众行动起来投入参与,那么海派文化的传播和复兴的未来会更加有希望,上海文化的大繁荣会有更加辉煌的硕果。

编 者

2018年7月10日

目 录

第一编　偶逢佳境心已醉

海派淮海路 …………………………………………… 3
小乐惠辣八仙桥 ……………………………………… 11
心里向永远年轻个复兴公园 ………………………… 17
平民乐园城隍庙 ……………………………………… 22
新城隍庙个良友照相馆 ……………………………… 29
啊！上海弄堂 ………………………………………… 33
穿进穿出同福里 ……………………………………… 41
淮国旧换客 …………………………………………… 43
北站，耛个上海人个火车站 ………………………… 45
上海旧书店 …………………………………………… 50
百乐照相馆 …………………………………………… 55
回忆学生时代南京西路个文化信息 ………………… 58
向明中学个古诗词吟诵 ……………………………… 61
老上海个赏梅胜地 …………………………………… 64
上海个一弯眉峰 ……………………………………… 66

第二编　叫我如何不想他

摇摇摇，摇到外婆桥 ………………………………… 71
亲爱个老人们——我个外公 ………………………… 79
亲爱个老人们——我个外婆 ………………………… 82
巧手爸爸 ……………………………………………… 86
上海男人为啥力气小，声音也小？ ………………… 91

从上海言话看上海男人 ································ 94
从上海言话看上海女人 ································ 100
上海人个"讲究" ····································· 108
上门女婿 ·· 111
马路求爱者 ·· 114
削刀磨剪刀 ·· 116
故乡上海拨了我第二次生命 ··························· 119

第三编　常爱此中多胜事

童年个味蕾密码 ···································· 127
难忘个"绿色年夜饭" ································ 131
过年个味道 ·· 134
谈"山海经" ·· 137
荡马路 ·· 140
油而勿腻 ·· 146
小矮凳 ·· 149
夏夜最欢喜听鬼故事 ································ 151
三十六只脚 ·· 153
弄堂乒乓球 ·· 157
着旗袍个女子 ······································ 161
咸酸饭 ·· 162
腌笃鲜 ·· 164
荠菜 ·· 167
猪油拌饭 ·· 171
老百姓个冷饮酸梅汤 ································ 173
"吃"个世界 ·· 176
老上海个中秋 ······································ 180
倾城之恋(第一章) ·································· 182
"京派"与"海派" ···································· 187
小囡勿肯讲上海言话个原因及对策 ····················· 192

第一编

偶逢佳境心已醉

海派淮海路

作者:钱乃荣
朗读:朱贞淼

上海人一旦离开上海,往往会想起上海个淮海路。1969年我辣解放军农场"接受再教育",瞓梦头里常常回到从小走惯个淮海中路。有一趟夜里农场停电,阿拉几个人提早瞓到床浪向,就开始神游淮海路,拿淮海中路浪向个商店一家连牢一家挨一挨二讲一遍,居然一家也勿漏脱。尤其是讲到一点饮食店,熬勿牢馋唾水溚溚滴!

淮海中路辣50年代之前曾经有老长一段辰光叫霞飞路,始筑于1900年,原来是法租界浪最主要个一条马路,路个两旁边种辣海两排粗壮个法国梧桐,辣建造辛条路个辰光,就誉为"法兰西逻辑设计""体现几何学上的精确性"。霞飞路是一条可以脱巴黎个香榭丽舍相媲美个马路,曾经以其浪漫告时尚个风情辣上世纪闻名于远东。有巴黎多见个六角个多条马路相交街景,有各种西方流行个公寓大楼告洋房,有错落个上海特有风格个新式里弄,色彩斑斓绚丽。法兰西经典再加上大量个俄侨商店,高贵而雅致,频频散发出多元文化交融个特有个气息。

淮海路路面个多元时尚具有遗传性,因为生活辣辛搭个上海人沾染告传承了原来霞飞路浪个风尚告习性。辛点风俗延续到今朝,成为处处会流露散发出来个一种海派气质。"外地人欢喜兜南京路,上海人欢喜荡淮海路",辛个是几乎人人皆知个上海口头禅。

淮海路浪向,渗透了浓郁个"小资"情调,淮海路一直是流行服装告流行色个发布地。辛个勿光光是指淮海路浪个交关权威服装店勿断辣辣创造出标准大方个时装脱仔辣辣翻新时尚个花色,而且淮海路浪是男男女女展示自家打扮风采脱仔模仿学习别人前卫个新样款式个传播交流地。老多别搭地方勿看见个所谓"奇装异服"侪会辣淮海路浪第一个出现。辣五六十年代，规范个时装样式是保守个清一色，但是耐勿住寂寞个海派男女总归是辣辣锦上添花或者追求新奇。一种海外关系往往成为传播小资服饰个温床，从香港回来个人个穿戴当中露出个亮色，邪气快就成为大家仿照剪裁个对象，更加多个人是从香港寄来个哪怕是旧衣裳当中发现新花样，辣小姐妹道里先传播开来，买勿到就自家剪裁，乃末缝纫机就成为结婚成家辰光"三机一响"中个必备品。电影《柏林情话》一放映，淮海电影院个外面就出现了"柏林情话头"，搿能个发型辣淮海路浪马上流行；看了苏联电影，"布拉吉"连衫裙一歇歇就辣淮海路浪露面。就是辣"文革"非常时期灰罩衫铺天盖地个辰光，当时只放映阿尔巴尼亚电影，淮海路浪就出现了《第八个是铜像》当中女主角身浪个搿种黑白粗花呢大衣。还要想翻花样，譬如看到人家短袖子衬衫个一只领头背后有一只缺口个花式，回到屋里就马上自家做裁缝，速成搿种式样。女青年走辣淮海路浪，搿条路就成了伊拉制作时髦服饰个参考佳地。

　　从淡水路到襄阳路搿一段淮海路，是长期以来最繁华个马路。一直到90年代改造之前，上海老字号、名牌特色店林立，市面繁荣，店里向热闹非凡，店外"荡马路"人流如织，摩肩接踵。到了80年代，由于自由市场个开放，望西个华亭路，朝东个柳林路也成了人头攒动闹猛之地。

　　而我读中学个六年，每天从重庆南路走出，到瑞金一路转弯到学堂，就辣淮海路最闹猛个一段街浪，来回一转，领略了交关五六十年代淮海路浪个风光。后首来辣七八十年代，每个礼拜从乡下头回来休假，几乎每个礼拜日上半日侪要脱太太一道领囡儿去兜一圈。

　　我最早接触淮海路浪个饮食，是"罗宋汤"。还辣读小学个辰光，有一趟父亲带我去复兴公园后门个雁荡路浪，吃了一碗鲜美个"罗宋汤"，搿个是邪气正宗个俄式汤点，从此我就一辈子爱上了"罗宋汤"。搿个辰光还是辣50年代初期，辣淮海中路重庆南路一带，当年还保留辣海几家有名个俄餐厅,像淮海电影院(原称巴黎大戏院)辖搭就有一家"东华俄菜",价廉物美。罗宋面包、色拉面包,就成了我最欢喜个点心。原霞飞路浪个俄菜馆"华盛顿餐厅"到50年代改名为"上海西菜馆",仍旧以俄菜为基础,还有法式西菜咾啥加入,我就常去光顾,现在个"红房子西菜馆",原来是意大利人开设个,法式菜点比较正宗,也有俄菜,侪是我至今最欢喜去吃西餐个地方,去吃奶油忌司烙明虾、烙蛤蜊、葡国鸡、牛排,可惜辖爿店最近居然取消了罗宋汤。脱俄商经营有关个,还有"泰昌食品公司""老大昌法兰西面包厂""哈尔滨食品公司"咾啥,其名称告特色延续到五六十年代,也是我辖个辰光最欢喜去转一圈以至排队购买食品个好地方。后来一直到80年代"哈尔滨食品公司"出产个奶油裱花蛋糕、奶油椰蓉夹心糖、酒心巧克力、超级水果蛋糕,常常要排队再能够买得着个。当时茂名路、陕西路一带个淮海中路浪,集中了一点顶有特色个食品店,像"上海食品店"个巧克力酥心糖、奶油蛋糕、罗宋面包、色拉面包,"老大昌食品店"个白脱蛋糕、朗姆蛋糕西式糕点糖果,一直是附近个上海人个争购热门,排队起来劲头十足。辣60年代前期过年过节辰光,大家侪要买"哈尔滨"个"礼花"糖送人或者招待人客,用"玻璃纸"包糖就是从辖些食品厂开始个,各种粉红、果绿颜色个包糖纸十分吸引人,还有意印上些拉丁拼音字母。到了"文革"辰光,糖纸头还是原样鲜艳,只是辖块地方改印为"最高指示,要斗私批修"而已,下头个一行小字"上海哈尔滨糖果厂"变为"上海工农兵糖果厂"。可见上海个海派文化如此深入人心,小资情调即使辣非常岁月里,还是辖能悄悄个顽强个表现出来。

　　中式菜肴也侪辣名牌个饭店酒家告饮食小店里,各帮品种纷呈。本帮名店有坐落辣淡水路口个"老松盛"。我小辰光姆妈带我进去叫了一大盆酱汁乌贼鱼,吃口软硬得当,三角洋钿,却留下来永久个印象。后来又去吃过店里个名菜松子鳜鱼,吃得津津有味。还有眼酒家饭店侪交关有名气,像"绿杨饭店""成都饭店"咾啥,大多数分布辣思南路口个两边。"茅万茂酒栈"是一家绍兴老酒家。还吰没跑到，喷香个酒气就传开来，酒店里向热气腾腾以，日日满座。冰冻个鲜啤、烫好个黄酒，一批老酒鬼，醉意朦胧，高谈阔论，老酒溯溯，卤蛋、肉卤百叶、发芽豆、白肚，"大转弯"嗒嗒，交关写意。还有"大同酒家"个烤鸭，"美心酒家"个蚝油牛肉、秋叶包、果珍鱼丝、酥皮鸡蛋挞，侪老有特色个。记得有一年大力号召为工农服务个辰光，有一趟我中浪向经过高级个"成都饭店"，看见店门口头一块招牌，写辣海供应"阳春面"，也脱小摊头浪一样是8分洋钿一碗，我背仔书包进去，店里只有我一个人，我感到有点别扭，但是当我看到服务员端来一碗表面拉得十分齐整、油水老足个阳春细面个辰光，邪气感动，辥个是我吃过个最鲜美最难忘个一碗阳春面。

最好吃个面好数雁荡路个"味香斋"小面店，辥搭是我最欢喜去吃汤面个地方，勿但有各种鲜美个"过桥"，连一碗最普通个麻酱拌面也做得特别鲜。吃面可以应食客个要求脱侬下紧汤、宽汤、烂一点、硬一点、勿硬勿软咾啥个面条，我一看一张墙头浪向辥一张说明，再晓得一碗介便宜个汤面，居然还有辥能多花头个吃法，小小个一家门面个面店居然可以经营得辥能介别有洞天，温馨异常。辥搭就是辣50年代初仍旧挂牌"西泠餐馆"个原来门面，伊个辰光辣马路对面还有一家同名个餐馆，是40年代传下来个，虽然是一家小小个面店，传统还是由辥搭个老师傅长久传承辣海。

传统糕点，侪带点海派风味。辣成都南路口西面个淮海路浪，有一家"光明邨大酒店"，做个烧卖咾啥糕点面食邪气精致，还可以外卖。"沧浪亭点心店"个咸菜竹笋面、柠檬素油年糕、百果松糕，"高桥食品厂"个高桥细沙千层糕、薄脆饼、高桥豆沙月饼，"四如春点心店"里个汤团、蒸拌面，"长春（原名'红旗'）食品店"个鲜肉月饼咾啥，侪是各有特色个小吃。正宗老店"野荸荠"是一家精致个综合食品店，门口外头卖各种可口个冰冻汽水、冰砖、雪糕脱冰淇淋。我曾经只用一元洋钿买到过一位老师傅当场制作个火腿片，拿金华火腿老快个𬃷成功极薄个肉片，再连搭起来形成一张八开大小像纸头一样薄个肉片，师傅个熟练刀功绝技，令人赞叹。思南路口有一家"天山回民食品商店",专卖伊拉厂生产个话梅糖,是我最欢喜吃个一种糖,从试销开始一直到今朝,糖纸头浪个图案一直呒没啥变过,我还收藏辣海印有"试销品"三个小字个话梅糖糖纸头。

老值得一提个,是辣雁荡路口个"培丽土产公司",后来改名为"全国土特产食品商店",集中了南北货之精华,无论是各种酱菜脱仔调味品,还是交关干货,佢长期受大众欢迎。辩家综合性土特产商店脱思南路个长春食品商店、辣陕西南路口个第二食品商店(原称"万兴食品"),是淮海路南面路浪鼎立三处个最有权威性个综合食品店。辣思南路对过,还有一家"庆丰熟食店",专营当日熟食,红肠、叉烧、方腿、酱鸭、白斩鸡、牛肉、酱猪肉、素鸡,还有猪油渣,佢称一流,远近闻名。

顶顶令我遗憾个是,因为离屋里忒远,我居然呒没去过高雅又大众化个"天鹅阁西菜社"。

上海历史悠久个商店开辣淮海路浪个,有金龙绸布、大方绸缎、伟多利食品、老大昌食品、老胡开文笔庄、茂昌眼镜、小吕宋帽店、西门子钟表店、长春花店啥啥,佢是从解放前一直开到五六十年代,有个延续到80年代,店名保持勿变,开设地点也呒没移动过。淡水路附近个"老胡开文",专卖纸墨笔砚,尤其是小楷毛笔,堪称一流,我是用辩家小店个毛笔长大个。"西门子钟表店"里,我买过质量最好个上海牌手表,也改装修理过别个手表。还有一家辣陕西南路个唱片店,在50年代还辣卖交关外国唱片,当时辣上海作兴是独家了。

重庆路口个"旧货商店",最令人难忘。一头面对重庆南路,一头从长乐路开门,商店四周围面积邪气大,各种旧货佢有,多数采取寄售收佣金方式。大量当年勿流行个解放前个物资,从一些破落门户流散出来,其中勿少精品,辗转他人。从整套红木家具到古瓷器、名书画、猎枪、名牌舶来品、衣裳、脚踏车、文化办公用品啥啥,五花八门,长年周转迅速。买卖之间,有说勿尽个心酸,也有淘来勿易个喜悦。有个物事,辣外头市面浪已经难以寻觅,有货者赶快拿去寄卖,急需者辣辩搭买到八成新个旧货,倒也得来全勿费工夫。会淘物事个老懂经,乐疲于此,会发现交关新鲜个旧货。就是进店看看,也会长知识,了解勿少掌故脱仔背后个人情沧桑。

现在还辣海个上海妇女用品商店,成立于1956年2月,记得之前辣爿块地方原来就开辣多家解放前延续下来个时尚服装店。我1956年考进中学以后,一直对爿家当时还呒没打通但是连成一条个大商店感兴趣,但是因为是男小囡,进门有眼难为情。但是后来辣商店转向雁荡路个爿只门口看到挂辣海一大片个"花绢头",各种花样实在忒嬲,一角六分一条,差勿多每日天侪会有变化,轧满人,侪辣拣,乃末我终于熬勿牢进门细细欣赏。公私合营前后个手帕厂,集中了一批手帕图案个设计师,设计出各种风格个、描绘水准极高个"花绢头",一批又一批,图案层出勿穷,有国画式个,有西洋油画、水彩画式个,有抽象画个,也有实物写真个。有花鸟,有山水,有静物,有人物,有模仿个西洋画,有各种动物卡通……每条手帕,就是一幅佳画。花绢头柜台前头,成了50年代个时代绘画风格个展览场地,曾经使得多少女青年陶醉过。爿一波手帕艺术个高峰到60年代中期就衰落了。

新华书店、上海旧书店脱瑞金一路转弯角浪个"泰山文具店",是我六年当中去得最多个地方。辣思南个笪对面,有"上海报刊门市部",一出新期刊、新报纸,里向侪好买着。《电影故事》《上影画报》十分抢手,《人民文学》《诗刊》《文学遗产》唔啥,甚至受众老少个《数学通报》《中国语文》专业期刊,爿搭侪卖。爿个脱如今个文化告专业期刊买勿到零售个情形有老大个勿同,爿个也反映出当年群众当中文化普及个生气告活力。小书店也多,50年代辣淮海路口个重庆南路头上,还开辣海大众、东新两家小书店。

照相馆也脱阿拉学生顶相关,因为阿拉小学报名到报考大学,一直要拍报名照啥啥,侪想寻一家好个照相馆拍得好一眼,黄陂南路对过个"蝶来"、重庆中路边个"青鸟"(后称"万象")侪是老牌著名相馆,阿拉还常常去欣赏爿些照相馆勿断变换个橱窗,尤其是辣思南路对面个"百乐"照相馆,里向摆辣海电影明星脱仔其他勿知名个美女倩影。

　　淮海电影院附近还有一家"新光光学仪器商店"，辣50年代辰光，看进去有眼神秘兮兮，外面橱窗告里向柜台里侪摆辣勿少仪器，一副知识型个面孔。后来辣70年代以后，就变得邪气亲近起来，当时为了节省照片洗印费，大家流行自家辣屋里向冲印照片，辣自家制作个扩印机里放印照片，所用个显影液、定影液、照相纸，侪是到新光里去零拷拆买个。辣马路对过，有一家"海影摄影社"，是老底子开辣新城隍庙个"良友照相馆"搬过来个，专门冲印120搭135个黑白照片。当时用名气老响个上海自制个"海鸥58Ⅱ型"照相机，拍摄个135软片照片实在忒小，但是要放大又吭没介多钞票，葛咾辣屋里向珍藏个过去个照相簿浪，家家人家侪贴辣交关3.5cm×2cm个小照片。

　　辣辣"上海长春食品商店"个笃对过，有一条短弄堂，外头挂了一块"上海第十二女子中学"个长牌子。我从小学五年级就开始，脱几个欢喜集邮个同学一道，常常出入弄堂里向左转弯个"伟民集邮社"买邮票，还辣辣辩条弄堂里交换邮票，兴趣浓厚。除脱一张一张拿纪字号告特字号个邮票一套一套慢慢叫个集齐，还买一眼民国邮票，特别是当时辰光大家称颂个匈牙利邮票，出得水平交关高，乃末要凑足平常个零用铜钿硬硬头皮去买下来，大家辣互相交流翻看集邮簿子辰光觉着老有台型个。我辩眼邮票逃过"文革"劫难一直保留到现在。

　　"上海床上用品公司"个羽绒被脱仔各色美丽大方花样个床罩，"益民百货公司"个培斯塔衬衫，"开瑞服装店"个各种台型个夹克衫，"香港童装店"个贴花镶式男童装、拼花马甲套装，侪是特色独具个名牌，"康歌电器公司"里五六十年代我经常去买78转告33转个"中国唱片"，当时侪可以试听。80年代我去买立体声唱片、录音机告磁带，买长风牌带唱机个晶体管收音机。

　　还有一点老牌个商店，记得个有"中华烟行""正章实业总公司""徐重道国药行""古今奶罩公司""益大中老年服装商店"。理发美容方面,有著名个"紫罗兰美发厅""红玫瑰美发厅""白玉兰美容院",交关小资打扮,从头而起。印象中瑞金路以西个淮海路,更加洋派一些,辣闭塞个年代还能见到一些西洋个餐具告工艺品。

淮海路个多样化,还表现辣有交关公寓或者弄堂个出口处,一些小摊开辣海,有个只有一个营业者,或者帮人织补,或者卖便宜打折个衣裤裙子,或者卖些蛮有特色个、日常需用个小商品,十分方便住民。有个弄堂门口,还开辣小吃点心排档,像和合坊弄堂口个生煎馒头、咖喱线粉汤,有口皆碑。淮海路浪也有卖低档货个店,像黄陂路口有一家"宝康",80年代卖零头布、花边、纽子,卖低档衣裤咾啥家常实用品,因此辣兮是交关人老欢喜进出个商店,有一趟我专门去辣家店买做枕芯用个碎塑料海绵。

昔日个淮海路,是人民大众购物游逛个好天地,有人脉,接地气。

淮海路个真正大改造是辣个一趟,如今个淮海路已经面目全非,80年代后期去国外个上海人回到上海再游淮海路,夸张点讲:除了法国梧桐之外,阿拉已经勿认得了。

(来源:吴越小猪)

小乐惠辣八仙桥

作者:钱乃荣
朗读:朱贞淼

现在上海有个弊病,就是勿分地名脱仔路名。香港有旺角、油麻地、尖沙咀,东京有上野、新桥、秋叶原、目黑,伊拉每个"地下铁"站头脱"电车"站头,侪有一个地名个称呼,而上海个站名大多数是"某某某路"。侬看一条马路有几化长,到底辣阿里一段,勿熟悉个人看见了挣个站名还蒙辣鼓里向。现在公交车站只好用"某某某路某某某路"来弥补,站名忒长了,结果弄得大家侪记勿牢叫勿出,往往前头个"某某某路"几个站是一样个,像哎没站名。挣个对于外地人外国人来讲麻烦真是忒大。

上海过去也有不少地名,像漕河泾、曹家渡、大自鸣钟、东新桥,后来车站命名多弃用地名代之以路名,大家就一眼眼拿交关地名忘记脱了。譬如只用徐家汇,遗忘了卢家湾;用了打浦桥,乱脱了八仙桥……浦东现在正辣辣城市化个进程当中,但愿勿要学浦西挣能勿断个乱脱地名。

"八仙桥"挣个地名,名字极雅,据说有过一座桥,取名"八仙桥",不过挣搭并非真有八仙来会聚过歇,而只是开埠以后上海人拿挣块地方建设得十分温馨。"八仙桥"个地位,相当要紧,原来辣法租界到公共租界去接头个要津,从淮海中路(前霞飞路)要穿过延安中路(前洋泾浜)到人民广场(前跑马场),龙门路就是抄近路斜穿过去个重要马路。挣搭有一圈热闹个街市。解放前,勿但有黄公馆咾杜公馆,还有大戏院、咸肉庄。一头接牢新城隍庙、关帝庙,一头出去就是大世界、跑马厅。就辣辣50年代一扫上海滩淫黑势力之后,八仙桥辣后40年里向,仍旧是上海市中心个一块风水极好个宝地,是一块人口稠密、街市齐全个上只角,是小市民邪气欢喜访临个地方。八仙桥解放后成了上海平民小乐惠生活个圣地,八仙桥演绎了一段市民精彩生活个历史。

吃,㸔搭崇尚小吃吃,㸔搭弄得精致个是"小吃"。辣建国初年,我也曾经有一趟机会走进㸔搭最高最典雅个建筑"八仙桥基督教青年会",姆妈带我去参加一个亲眷个结婚典礼,吃了一套像样个"大菜",即西餐,㸔个是老正宗个"大吃"。不过,当第一道一大盆浓汤吃光,我已经拿肚皮填满了,以后也就吭没多吃啥,或者是吃了眼啥老快侪忘记脱了。到后来,我到青年会㸔搭去,只有去排队买火车票个份了。我辣八仙桥路面浪店里吃到个,侪是美味而难忘个小吃。

有个闻名个室内大菜场叫"八仙桥小菜场",19世纪后期就已经存在,称"华洋菜场",一直延续到21世纪初。㸔搭百姓买菜十分方便,菜肴搭配个花色当然也格外出彩。我见识过70年代个"盆菜",㸔个辰光平民生活还是老艰难个,过年辰光连买洋山芋还要排队。后来创新出来一种花样,拿几样蔬菜搭配起来摆辣一只大盆子里,也只不过是拿有眼菜场浪少见到或者买勿着个菜,摆辣一道方便顾客买回去可以速炒,㸔能个"盆菜"卖价就稍为高点。我见到个"盆菜"辣㸔个菜场里花样比别搭丰富,就老眼热个。㸔搭个平民侪住小弄堂小房间,闲辰光只要迌进小阁楼,黄昏时分,心情十分舒坦。因为伊拉勿去追求高档,有点"螺蛳啷啷、蹄髈笃笃"就好,"评弹听听、老酒㴷㴷",再养养眼神,㸔能悠哉悠哉个"小乐惠"日脚,即使辣60年代初"三年灾难时期"也勿会放弃,也会想方设法重温,苦中作乐。

㸔搭个小吃是继承传统个。辣50年代后期,还有小推车浪卖浓汁个"兰花豆腐干",香鲜个"素火腿",仍旧保持辣海法式风味个"色拉红肠嵌罗宋小面包"。辣㸔个饥肠辘辘个年代,㸔搭开出一家专卖"排骨年糕"个小店,大家吃得"鲜得来",干脆就以"鲜得来"命名了。

辣龙门路、金陵中路转角地,老有名气个、历史悠久个"老人和饭店",方桌长凳,十分亲民,快菜热饭,门前总会轧辣海一泼老吃客,醉鸡、糟猪脚、糟白肚、素什锦近远闻名。蛋挞个小吃是追求精致个。50年代,熟菜摊浪偶然有美味个野鸡野鸭卖,火腿店里有拿皱得老薄个熟火腿卖。六七十年代辣龙门路个一家转弯角子里个小书店旁边,有个小吃店,其中有一只"咖喱线粉牛肉汤",做得极其入味,生意交关好。我每趟路过蛋挞,总归熬勿牢,板要轧进去吃伊一碗。后首来学会了制作方法,乃末已经成为我屋里向个一只传代个特色菜肴。辣八仙桥还常常看见辣人群里个小推车,辣玻璃罩里铺开个是琳琅满目个特色零食,譬如讲苏州九制陈皮、盐金花菜、蜜汁芒果、甘草咸支卜、酱油西瓜子,交关别搭块也有却呒没蛋挞做得精致个小食,侪是小老百姓、小八腊子欢喜个物事。小朋友用两分洋钿买了一只三角包个咸支卜,可以开开心心个吃个一日天。

  蛋挞吃个物事也是蛮有创意个。解放以后上海汽水饮料长期只有柠檬水、沙士水两种,辣50年代末,八仙桥辣全市老早就推出饮料"酸梅汤",一直到70年代,长期保持6分洋钿一杯。伊个基本成分是乌梅,是中国特色个好饮料,也是我直到今朝顶欢喜个夏令饮料。60年代八仙桥有一家店又大力推出一种"刨冰",最初个花样是辣赤豆汤底子浪向盖上去交关机器粉碎个细冰,辣当年又是受到百姓邪气欢迎个新花样,有勿少人老远赶来尝尝蛋个冰瀴个美味。我周末从复旦回屋里,总归要辣八仙桥下车停一停,吃杯可口个刨冰再走。八仙桥就蛋能介,常常是我解馋个中转站。70年代后期当西瓜还是少量进入上海个辰光,辣家家户户难以买着西瓜又没冰箱个辰光,蛋搭个一家小吃店开张供应"冰镇西瓜",当时我吃得蛋个爽啊,真是不胜回味!80年代改革开放之初,八仙桥个一家"圆子店"(记得店牌错写成功公园个园)里,夏天供应起"自制大杯冰淇淋"来,独此一家,价廉味美,店里个老师父一定是有从前秘方来历个,蛋挞又是轧满了人,我常常负责拎了保温器乘了叮叮当当个2路有轨电车去买冰淇淋到屋里,一家门吃得邪气开心。

  八仙桥,就是蛋能有创造力有魅力个。小乐惠个地方,就成就了小乐惠个人。辣个里向潜藏汇居辣海一些能人,到辣搭常常会得带拨人家来一点惊喜,小店、市面是活个,店固定而市面多变。就讲辣搭一个小小书亭式个书店,也是袖珍而凝练个,我常常到辣搭买着别搭地方买勿着个好书。70年代大家自家动手做半导体收音机,侪轧到八仙桥去买各种便宜零件。

八仙桥个人,裁剪成衣也是一只顶。埃面个女人,从小侪会点女红,辣自家屋里个缝纫机浪得心应手。埃面个男子,也有勿少是私人裁缝,其中有制作经典成衣告勿断翻制时髦花式邪气老鬼个老法师。因为八仙桥从解放前起就有两家上海著名个大绸布店:老协大祥绸布庄脱仔宝大祥绸布庄,一直开到21世纪初。辣两家绸布店我辣五六十年代也进去过,每走到协大祥绸布商店门前,我头脑里会勿由得闪过一张照片,想到1956年时协大祥个老板着仔长袍立辣公私合营新店牌前个憨厚笑容;我也会想到70年代初"深挖洞"辰光见到店里个几块地板掰起来钻洞机打出来个泥浆流满一地。不过我到店里,放眼看到最多个是老百姓辣辣将要做新衣裳辰光个从心里溢出个笑容。绸布个花式看得眼花落花,抬头看还有拉得老长个钢丝,营业员拿顾客付款个钞票告账单卷起来,摆进钢丝浪个夹子里,用力一推,辣个夹子就像吊车一样,滑到老高个总账台浪向去,总台又拿找好个零钿告发票推回来。我当时懃想,辣个钢丝浪大概每夜要用滑石粉揩一揩个哦,觉着老有意思老有创意个。现在是连人侪可以辣缆车里滑来滑去,自然呒没啥稀奇了。八仙桥有介大个两家绸布店,还有鞋帽店,近朱者赤,难怪辣搭个百姓侪衣冠楚楚了。改革开放一开场,柳林路浪一记头开出介许多个摊位,拉开卷帘门,布满最新式最受欢迎个衣裙,紧身西裤告黑短裤,还随时可以量尺寸裁剪做合身个衣裤,天天接待全市各处来赶时髦个靓妹俊哥,热火朝天,自然勿足为奇了。

小乐惠个一大特点,是实实惠惠,称心如意,小老百姓,勿作痴心妄想,自得其乐。辣种乐惠是实在个好处,实实在在满足此时彼时个心意。乐惠虽小,其乐陶陶。八仙桥紧连中外闻名个大世界,大世界也是小老百姓欢喜去游乐个地方。八仙桥因地处闹市，除脱百货商店外，还汇集了勿少特色商品店，譬如精致个中药店、参行、茶叶店、烟行、钟表店，远近有名。还有㸔个看了勿少越剧沪剧个"大众剧场"，听了勿少书个"得意楼"，曾去通宵排队买电影票个嵩山电影院，有月宫理发店。交关侪是年代久远积聚下来、充满市民习俗文化告情调个所在，是各方大众习惯频频光临而形成个自然街景。一搬动，气脉就会消失个。就讲从解放前就已闻名个两个大众浴室——西湖浴室告日新池哦，也是阿拉弄堂告阿拉学堂里个一些人常去之处。尽管乘车子去也要三四站，我屋里也有几家人家合用个浴缸，但是我从小就脱弄堂里向两个出窠兄弟一道，常庄相约到西湖浴室去汏浴，从小学少年辰光汏到大学长成青年了还去汏，一道汏浴已经成为一种松心游戏。汏好浴一身轻，还可以躺辣床浪，泡一杯清茶吃吃，或者眯了眼睛睏个小觉打只瞌盹，其轻松舒适个感觉难以形容。有一趟过年前，邪气轧，伊拉居然安排我进了一间特殊个包房里去，㸔个里向有单独个浴缸，当时是1958年了，人人去汏浴侪是进大汤再冲洗，㸔年强调动员一切设备为人民服务，葛咾我有㸔趟佳遇，使我看到㸔个辰光埃面还保存辣海解放前个㸔种一家人可以关起房门一道汏浴个包房，也见识了一下。又有得一趟辣辣1959年年夜头去，大汤轧得人也碰来碰去，大池一间里空气忒闷，我揾满肥皂要去大池，突然昏倒，旁边就是转角个大池石栏，亏得轧辣人堆里向个浴室服务员一刹那拿我一把拉牢，拖到外头，立刻喷我一面孔冷水，方才使我清醒过来，避免了一场勿堪设想个事故。

辣西湖浴室里，有几桩见闻我还记忆犹新：一趟是见到一对18岁左右个双胞胎，真是从头到脚各到各处侪长得一样高低一样大小，我总算弄明白一个成语个意思，啥个叫做"一模一样"！上海话叫"一似一式"，㸔个辰光就有沪普合璧词"一式一样"了。80年代初我辣电视浪上海极其多个人参加个第一届电视大学文科班上课，有一趟辣西湖浴室彼此脱光个大汤池子里，有一个告我素勿相识个电大学生(当时电大学生多为插队回沪青年)叫起了我个名字，伊一直每个礼拜一趟辣黑白电视机前头听我上课,辩日想勿到近距离见到我个真面貌,阿拉两个人一道走出浴池,从此就成了好朋友。辩个两桩侪可以讲是我辣交关有情趣个、小乐惠个西湖浴室里个"花边"际遇了。到了90年代初,有一趟我从日本回沪休假,勿加思索就到了八仙桥,勿晓得辩个辰光西湖浴室已经大幅涨价了。虽然也还是辩能样子个一个池子,就勿是一角五、二角五一张票了,我走进去一看,卖筹处个卖相也勿一样了,看了价钿吓过一跳之后,到底还是呒没退出来。池里向只有两个人,替我擦背个人当仔我是老板,苦苦而且悄悄问我讨小费。我想起了西湖浴室曾经救过我一命,钞票我是多付了,不过浴室辩趟拨我个感受,已经勿比当年了。

(来源:吴越小猪)

心里向永远年轻个复兴公园

作者：钱乃荣
节选、朗读：丁迪蒙

  复兴公园建园已经有 100 多年了。小辰光到复兴公园去白相，听见老人叫伊"法国花园"。辣只法国人辣法租界时代建造个公园，有法式园林个特色。大草坪，沉床式个艺术花坛。阿拉晓得，上海所有个名胜几乎侪有眼中西合璧个景致，法国花园也有局部个曲径、假山、亭台、太湖石……
  我个第一张照片就是坐辣下沉花坛个石级浪向拍个，辣个是 1946 年；到 2006 年，一个甲子过去了，我重临旧地，仍旧端端正正，坐辣原地个石级浪向拍了一张。
  我是住辣复兴花园隔壁个"花园邨"个，每日天早浪向 6 点半，"第一套广播体操"就从喇叭里向传出来了，辣个辰光，公园里向大多数人侪会得跟了音乐个节奏做早操。一段老短个前奏音乐以后，大家侪预备好了锻炼身体。
  辣个年代，复兴公园架辣竖杆浪个圆形个广播喇叭里传出来个音乐，往往是新鲜个、有朝气个。集体舞曲我听到最多个是"邀请舞"(51 11 7 6 5, 52 22 32 1)"快乐舞"(31 11 43 2)，还有"狂欢舞""团结舞曲""西藏舞曲""鄂伦春舞曲""蒙古舞""苏联集体舞""乌克兰集体舞""匈牙利三人舞"咾啥。当我听到：隔壁公园里喇叭里放个各种集体舞个音乐，马路浪向有有轨电车个叮叮当当个声音，还有手风琴伴唱个声音，就会得觉着交关个温馨。
  下半天 3 点多钟，已经放学个学生，由学堂组织到公园里来进行个集体活动，差勿多是天天有个，唱个歌曲侪邪气有朝气个，好听个歌啊真是老多个。像《我们快乐个歌唱》《劳动最光荣》《红领巾之歌》《快乐个节日》《我们个田野》《让我们荡起双桨》。4点钟左右,辣夕阳个笼罩下头,空气是十分宁静个。搿个辰光,少先队个喇叭吹响了,有辰光还配有鼓声。

碰着礼拜日,公园里向是闹猛得咦。高音喇叭里,一歇歇辣放歌曲,一歇歇辣放戏曲,一歇歇又辣广播寻人:"某某家长,侬个小囡寻勿着侬了,听到广播以后,请侬快点到办公室里来领。"

我是1956年小学毕业个。搿个辰光个复兴公园,辣记忆里,遍地是快乐个声音。公园里顶多个是年轻人,伊拉个情绪邪气热烈,蹲辣一道唱歌、跳舞。到了礼拜六、礼拜日个夜到,辣周边工厂个工会会得组织工人到公园个草地浪来做各种各样个集体游戏,哗啦哗啦,叫啊,笑啊,唱啊,跳啊,声势老老大,中气老足个。有常时,草地浪向跳起了青年圆舞曲(5 i i | 3 5 5 | 1·3 | 5 − −),立辣里向一圈个是男生,外头一圈个是女生,碰着啥人了,就两两搭伴一道跳。

当然咾,辣大热天个夜里向,暗头里向盯梢人个阿飞也是有个。吓人倒怪,女小人是勿敢到墨出黑个地方去个。

搿个辰光住辣周边个人家,往往是家家户户侪快点吃好夜饭,拿好仔单被到公园个草地浪向去抢占位置了。葛末,啥体要去抢位置呢?搿是因为要放露天电影了。搿眼单被拿到草地浪以后,就有得交交关小囡辣单被浪向尽情个疯。电影还吷没开场,搿眼小鬼头浪向汗已经是淌淌滴了。阿拉搿种小人到公园里去看电影,最主要个还是去轧闹猛,辣草地浪向晒下来,一边数天浪向个星星,一边感受场子浪个集体狂欢。

复兴公园原来是拨"枪篱笆"围牢个,上个世纪50年代中期,枪篱笆拨拆脱了,造成了一堵勿大高个水泥墙。搿能一来啊,只要夜里向公园里放露天电影,一眼"野蛮小鬼"就会得翻过墙头去看电影——省脱了买门票个钞票咦。

大家坐辣一道等啊等啊,到电影开场个前头,外圈个人已经轧得来推过来搉过去了。但是等到电影开始放了,全场一记头就安静下来了,箇个辰光啊,连得白屏幕个背面俨立满了吭没抢着地盘个人。

上海人觉着一家人家辣弄堂里向脱邻舍隔壁一道茄茄山河、讲讲鬼故事还勿够适意,勿够过念头,伊拉欢喜到公园里向去,去享受更加刺激个"闹猛"!

第二天,邻舍隔壁就辣一道讨论起电影里向阿里个演员长得漂亮、潇洒,阿里段戏是有噱头个。挨下来呢,阿拉就会得赶到新城隍庙,到一家良友照相馆去买箇眼电影明星个照片,还有电影插曲个歌片,到书店里去买电影连环画,大家辣一道一边看,一边继续欣赏、评议。

从正门进入复兴公园以后,有一座小假山,山浪向有只古朴个、有木挡手个茅草亭,辣背面下山个地方有一股泉水从小池口流出来,最后一层辣三块扁平个太湖石个石缝当中流下来,汇聚成一条弯弯曲曲个小河浜。

我常庄坐辣旁边个石头浪看得出神,周边三角形白杨树个树叶,辣夕阳告有又吭没个小风里向摇曳,金光一闪一闪。胆子大眼个小囡会从一块又一块老滑个石头面浪跨过来跨过去,或者去蛮水,嬉笑声勿断。假使立辣石头浪没立牢,脚一滑就可能滑到水里向去,身浪向是湿得淌淌渧呀!必过呢,河床是做得老浅个,所以是勿会得有啥危险个。

水转了只弯,慢慢叫朝大草地个西面流过去。辣流过草地之前,还有一大块作兴是拼起来个、平个太湖石,上头凿开来,变成一条条个小道,让河水从纵、横个格子里流过去,人也可以从石头浪向通过,箇个是我唯一看到个,构思邪气巧妙个杰作。有种小青年还勿过念头,伊拉还会得像"跳远"一样,从箇搭个浜岸跳到对过个浜岸。箇条静静叫辣草地边浪流过个小河浜,通过一条做成大路个木桥,汇入到公园北面个湖泊里去。

老底子,复兴公园个湖水是活个。后来,辣辣"文革"当中,小河浜拨辣一眼人指控为有资产阶级情调,就用烂泥填脱了。但箇条小河浜却一直留辣我个记忆深处。

19

至今还保留得邪气好个下沉式花坛个东面,是公园里一条南北走向个大路,路个两边有连续勿断个、邪气高大个法国梧桐树脱仔永远长勿大个瓜子黄杨。

辣搿条大路个东面,老底子还有只动物园,门口头有块木牌,搿是民国末期上海个市长赵祖康题个字"动物园"。出三分洋钿买张票,就好进门了。里向个动物还蛮全个,据说是抗战爆发,日本人掼炸弹,从南市刚刚成立勿久个"上海市动物园"里"逃难"搬过来个。里向有交关我最欢喜个活狲,我常庄辣伊面看搿眼活狲跳过去、爬过来、大活狲抱小活狲,看得一眼也勿想回转去。动物园里还有各种各样个小鸟,有梅花鹿、狐狸、老虎、骆驼。搿只动物园啊脱小河浜个命运一样,辣"文革"当中拨革脱了命。

我读书个小学个教学楼是幢大洋房,小操场浪种辣海三棵老大个枫杨树。到热天树浪就会落下来一串串个"元宝",所以呢,大家侪叫伊"元宝树"。搿个是法租界里留下来个,从法国来个一个树种。

"法国梧桐"是法国人带来最多个一种树。即使是辣巴黎,伊也算是最有风采个。复兴公园是法国梧桐个第二故乡,公园辣复兴中路个园门内外,就有勿少。搿眼刚刚种下去个辰光吰没拨摘脱过顶芽个老树,生态自然,主干高大,枝叶参天。尤其是门口外头,有一圈灌木、花草围牢个搿一棵,长相是特别有腔调个。坐辣马路对过个课堂朝搿面看,是看搿几棵法国梧桐姿态个最好个地方:高高个尖顶,上头有几只乌鸦窠,每日天夜快头侪好看到老鸦归来,听到伊拉啊啊……叫个声音。

复兴公园辣我心里永远是年轻个。

公园门口头个大树底下,是青年男女约会进园个地方。当年是吰没手机个,相互勿认得个双方先望到个,就是搿棵邪气粗个梧桐树。夜快头,过了六点半,谈恋爱个,介绍朋友个,侪要穿着整齐,辣搿块温情个小天地里"接头"。搿搭有最真切个笑容,有见面辰光个满足,还有介绍人个热情奔忙。

1993年,为了配合南北高架工程,公园往里向缩小了,公园门口头个箇几棵梧桐树呢,连带马路对面个枫杨脱仔小学,侪从地面浪向消失了。有人讲,劗脱了几棵大树算得了啥呢！公园里向法国梧桐还有交关咪。但,对于我来讲,箇个是我小辰光记忆最清晰个树,每趟经过复兴公园,穿过马路去读书个辰光,我侪要抬头望一望个树,现在看勿到了,呒没了呀！

　　箇年动迁,我从日本教学赶回来,能够做个事体,就是快点寻到屋里向原来院子个地方,拿杂物翻到一边去,拿压辣烂泥下头个芭蕉老根挖出来,箇棵芭蕉是生我囡儿亦蕉箇年种下去个。我拿伊搬到我个过渡房对面个烂泥里向种下去。

　　从箇个一年起,我搬离了伴了我50年、可爱个复兴公园。捧了带有老家泥土香味道个芭蕉根,抬头望望辣陌生头感到陌生了个复兴公园,我心里个梧桐树,并呒没失去！再会,我钟爱个复兴公园！

　　悄悄个我走了,我挥一挥手,勿带走一片云彩。

(来源:学上海话)

平民乐园城隍庙

作者：钱乃荣
朗读：朱贞淼

上海辣元代至元二十八年（1291年）建县个辰光，就供奉城隍了，辩个辰光是祀奉辣上海县城外西面个淡井庙里。到明永乐年间（1403—1424年），知县张守约拿三国末年吴王建造个霍光行祠金山庙改作城隍庙，坐落辣方浜北面，供奉个是朱元璋赐封个对上海得仔江南有贡献个上海人秦裕伯，同时还供奉原来个霍光，成为"一庙二城隍"。后来，辣上海个城隍庙里，前殿个白面神像是霍光，后殿个红面神像是秦裕伯。1962年我去城隍庙，辣旁殿还看着近代为保卫上海抗击洋人而英勇牺牲个陈化成个塑像，辩个是百姓供奉个第三城隍。

六百多年以来，上海城隍庙几经灾祸告扩展。今朝阿拉好看着个进门牌坊浪个"海隅保障"四个字，据说是嘉庆年间知县请一个神童书写个。明朝崇祯年初，辣仪门浪造了戏楼，康熙廿二年建鼓亭两所，康熙四十年辣庙东构建东园，就是现在内园个前身，城隍庙开始成为城内名胜之所。乾隆十三年（1748年）寝宫焚毁重建，又购买豫园作为城隍庙个西园，辟做各业公所，游人也慢慢叫增多，终至肆店林立。由此可见，上海城隍庙个烧香兼游乐商业个功能，辣200多年前就已经形成了。

清朝道光以来，城隍庙辣近代脱上海百姓一道罹难，遭遇过三趟兵劫，三趟火灾。最后一趟火灾以后，由黄金荣、杜月笙咾啥得仔邑庙公产会协力捐款，辣1926—1927年建成了现在阿拉能够见到个一座钢骨水泥个建筑，雕梁画栋，金碧辉煌，工艺辣当时是世界未见之奇观。中国交关城市俫有城隍庙,过去,史称"江南香火之最"个,是上海城隍庙。

我辣日本东京浅草雷门前,见着过祭日里向百姓个热闹狂欢盛况,民俗色彩邪气浓厚。其实辣民国时期,上海百姓辣城隍庙个各种过节活动也是名目繁多咾邪气兴盛个,像每年初三辣内园例开个梅花会,供游客玩赏,元宵个灯市,二月廿一个城隍神诞辰,三月廿八城隍奶奶生日,俫有纪念活动。立夏新麦上供,四月下旬兰花会,六月初六天贶节,九月中旬菊花会,也有相应活动。尤其是城隍神一年三趟(清明前一日,七月半,十月初一)个"三巡会""赈济孤魂",有盛大个"出巡"赛神活动。名中医陈存仁先生曾辣30年代亲眼见到七月半个城隍出巡会景,节目交关,路径老长,南市个百姓万人空巷,租界里个人俫赶去参与观看。黄金荣出席会景行列个"顶马"开道,高头大马引路,还请来5位外庙神道,举行大会师式个"排衙"阴审仪式。辣初会"正日",城隍坐金碧辉煌个绿呢"坐驾轿",钟声号角鞭炮齐鸣,四周围善男信女跪地叩送。后面是清道旗、虎头牌、官衙牌脱仔形形色色个虎威执事。仪仗队后面是百余"黄衣会首",多是工人;有眼人自以为罪重,穿蓝衣随队游行,认为好赎罪个。旗牌队武士俫是粗汉,手执五色大旗,耀武扬威,手握沉重个铁链手铐"出銮头",一路浪银铛之声勿绝。跟辣海个,就是踏高翘、荡湖船、八仙过海、蚌壳精咾啥,尤其是还有一个歪戴乌纱帽手拿便壶个糊涂瘟官,极尽百姓个讽刺。此外,队伍后面有种种杂耍、阴皂隶告出风头人。向神求签占卜以后,绕行城厢一周,再到无主孤魂个葬地"义冢""万人冢",号泣追思,哭声遍野。辪种出会仪式,好像迷信浓厚,但行善惩恶个宗旨老明确,其效果对不法分子会起心理浪个震慑作用。"三巡会"也是精心策划个群众性节日民俗娱乐活动。

20年代城隍庙庙殿建筑保留到现在,但是30年代后,城隍庙又脱上海百姓一道再经创伤。日寇辣1937年8月13日对南市掼炸弹,豫园划进难民区,又遭破坏。上海个大多数老百姓勿能再去供奉城隍,乃末辣连云路浪造了个新城隍庙。胜利后老、新城隍庙并立甚久,直到1965年"文革"前两庙俱废。后来新城隍庙取消,老城隍庙个庙宇到1995年刚刚重修,恢复售票开放,仅存头门、仪门、大殿、寝宫几个建筑,原来个一副用端庄隶书刻写个大殿门联逃过"文革"浩劫,其质朴浅显个文辞、深刻个含义,依然拨拉前来烧香拜神个百姓侪朗朗诵读:"做个好人心正身安魂梦稳,行些善事天知地鉴鬼神钦。"还保留了"明莫秉清题""裔孙末锦纶重勒,邑人杨逸谨书"个落款。

　　像嘉定个秋霞圃告青浦个曲水园一样,园林街市本来是城隍庙附属个休闲地,后来变得反客为主,上海城隍庙个兴盛,却缘于豫园告庙市是游玩告购物个天堂。上海辣二三十年代,游乐场所实际浪已经形成勿同个层次。南京西路是富贵阶层娱乐个场所,南京东路(不包括外滩)次之。平民百姓有两个主要去处,一个是大世界游乐场,另外一个更加平民化点个地方令人神往,是连门票也勿要得个"城隍庙"地带。辣搭有繁华个街市,热闹个文化告商业活动,有神庙,有楼亭戏台,有一泓碧水、九曲长桥,有点心店、酒菜馆、书场、茶馆、南北杂货、上海特色小吃、儿童玩具、古董、字画、书店书摊、西洋镜、稀奇八怪个动物咾啥,一切应有尽有,日日侪有变化,像小热昏叫卖个"梨膏糖"腔调,就从辣搭唱出名来;演说《隋唐》个一代评话书王吴子安,就是辣城隍庙蛮有权威个群玉楼书场里,脱前辈打擂台当中为父代书而胜出个,当时老城隍庙里有九个书场。辣辣块地方,除了道家个城隍庙,还有"沉香阁"尼姑庵,有关帝庙,有清真寺礼拜堂脱法国天主教堂,体现出海纳百川个海派风情。解放后,当年属城隍庙个东北隅个一部分园林"豫园"先关闭后精修,1961年对外卖票开放。

　　我少年辰光到城隍庙白相是辣1958年同班张韧同学(原名刘祥龄)约我去个。辣个辰光是辣全国工商业"公私合营"以后个第二年,"三面红旗"运动刚刚掀起,城隍庙还保有一些老个光景。我第一趟游城隍庙,眼界大开,看到个城隍庙还是个保留旧风俗脱仔海派文化蛮浓厚个地方。近城隍庙个街道,有长长个一条是卖小动物个,两边侪聚集了卖鸟卖金鱼热带鱼、卖兔子乌龟洋老虫告各种小虫个摊头,其中有勿少养鸟养鱼个"老门槛"常客就活跃辣辩搭。走进城隍庙个头门,空地当中仍旧有一长条小吃摊,脱民国初年个照片浪向相似,左右两旁边有长凳,大家辣辩搭可以吃着有特色个鸡鸭血汤、面筋百叶包、小笼馒头脱绉纱馄饨啥啥。广场个两边厢房,还有一点玩具店、香烛店告小吃店。香烟缭绕个大殿楼浪,两楼房间个通道两边,有交关写明勿同年龄生肖个菩萨,勿同年龄个游客就辣脱自家对上号个星宿菩萨面前跪拜。三楼一条通道是"廿四层地狱",两边排列满了地狱里种种实施刑罚个泥塑,观看者人头济济,所以也看勿大清爽。走过辣条"阴界",勿免产生对鬼神个敬畏心,心里想坏事万万做勿得。正辣想个辰光,忽听得有人喊叫"白无常鬼""黑无常鬼",我再从鬼体旁边匆匆溜过,越是怕,越是要抬头去张望一下,是穿白衣裳告穿黑衣裳个无常鬼,红颜色个舌头拖得老长。走出北门,只见场浪热闹非凡,还是有一眼测字摊前头围满了人,一条队伍挨辣海测字,阿拉也立辣海看抽签测字许久。辩点算命个地方则是双方端坐,似懂非懂听算命先生娓娓拿命运道来。

阿拉又看到了大家抢辣海要看"西洋镜"个地方,看圈辣海个"动物园",外面围辣海个帆布浪,画辣怪兽,有两头蛇、独角兽啥啥,因为要买票,阿拉呒没进去。但是阿拉看到了辣场浪"卖拳头"个,用长钢刀完全插进自家喉咙里去个表演。还有活狲出把戏、唱绍兴戏个。有表演扯铃,有个扯个是贵重个瓷器花瓶。场浪向个游戏,有设物套圈个,有用猎枪打气球个,有着象棋残局个,有长台浪打"高尔夫"个……顶使得我兴奋个是一家家小店甚至小摊,卖各种各样阿拉欢喜个游戏棋子告劳作画纸,还有民间个谜语书、香烟牌子、玻璃弹子、黏贴纸、蜡光纸、橡皮泥、石膏雕刻模型、飞机制作模型、扯铃、贱骨头、十字绣、丝线啥啥。最多个是形形色色个"桌游"棋子,像蛇梯棋、康乐棋、红旗竞赛棋、飞行棋、跳棋。辩个辰光游戏棋子设计真是多样化,交关是解放前从欧洲传来个游戏,50年代还是十分普及,售价又低廉,一色个五分,彩色个一角上下。只需一张图纸,一个木制个骰子,几只走子,但是对小朋友来讲白相起来其乐无穷。有点人从城隍庙批发了带到各个小学门口去卖,摊头前总归会围辣海一圈小学生。辩种平民化个游戏棋,几乎家家小囡侪有得几副,原来交关侪是从城隍庙出笼个,可惜现在大多失传了。

第二桩我感兴趣个是城隍庙有勿少小书店告书摊,熟解行情,卖书经验丰富,好辣辩搭点地方见到大马路浪旧书店里买勿到个民间流出个古书、旧书、旧杂志,还有老廉价个旧连环图画,尤其是还卖一点解放前头个书,石版个线装书也有。辩个完全是辩些书摊个老板是老手,贴近平民,勿辞做小生意,使书籍转换流通自如,辩能样子个小书店邪气吸引人。钱杏邨先生辣30年代发表个《城隍庙的书市》中提到过,一天伊去看书买书个书铺就有15家,还有勿少书摊,伊经过了20多处个翻检,精神老倦乏了。到50年代虽然已经勿像钱杏邨当年辣城隍庙旧书店摊浪淘书辰光有介精彩个经历,我见到有个书店告书摊已是奄奄一息了,但是还有书铺书摊,辩些侪使得我去城隍庙觉着邪气对胃口。可惜,辣60年代,紧随所谓"移风易俗"个口号越喊越响,勿但算命测字,鬼魂地狱,连带交关节日脱仔民俗用品,侪横遭打击,城隍庙个民俗气氛越"移"越淡,越"易"越失去平民情趣,曾经民俗气息老浓老有特色个小商品,还有旧书旧戏文化艺术用品侪一点点淡出,城隍庙就"大路货"化,变得单调起来了。

"文革"十年,破了"四旧",伊面已经哒没庙宇可去,商场改名为"豫园商场","豫园"也除了接待外宾之外就紧闭大门。但阿拉依然欢喜去"豫园商场",阿拉仍旧讲"阿拉到城隍庙去"!辩个辰光,商场买卖十分低调,但上海人个特点,还是会辣高压当中隐隐保持一点海派个灵活。"革命"是勿会忒彻底个,一有间隙告机会,"封资修"个尾巴便悄然翘起,比如炮仗,比如水仙,比如弦琴扇面,当时去城隍庙也买到过,还会勿时看得到一眼新个花样,买到一两样新鲜个物事。70年代初意大利个名导演安东尼奥尼来拍摄《中国》电影,到上海个一个重要拍摄地,还是要安排伊到城隍庙九曲桥浪个茶馆里脱布置好个上海人交谈拍片。

90年代以后,上海有意拿"豫园商场"打造成为上海民俗特色最浓厚个地方,用来吸引国内外个游客旅游购物。城隍庙地区新造了勿少飞檐翘角个商场,商场越开发越大,过去交关街头小摊也安排进了"福佑"等小商品商楼,楼里向人头济济,一面簇拥一面购买物事,也别有风味。大面积个商场依然商品辐辏,百业荟萃,包罗万象,依然有丰富个土特产告特色商品市场,依然辣辣领头告辐射上海平民街巷个小商品生意,依然是一个上海顶吸引平民百姓去个游乐天地。

　　现今城隍庙商场,低档、中档脱高档个商品侪有,低档到两元洋钿一样个杂货,高到老庙黄金,价钱老贵。但是同样质量个珠宝水晶翡翠制品,辣"正规"大店里个价钱可以是小店里个几倍。辣一条"水晶街"里向,也有勿卖假品个店,譬如碧玺、发晶以至最新个"舒聚莱",卖价就公道得多;再要便宜,就可以到"藏宝楼"去淘。一样个商品,高价低价侪有,相差勿小,就看侬个门槛眼光自家去淘,搿个辣五六十年代"定价"年代简直勿可想象。搿能也有好处,懂经个人买着了自家觉得便宜个物事,就会邪气高兴。上海百姓购物,蛮注重氛围环境,小路曲折,别有趣味。辣布满商品个豫园商场里,有一条特色商品小街,尽管民俗回潮乏力渐趋淡化,新奇物品又辣勿断增添,但是还是有意保留了一些老商品,如琵琶弦子乐器、文房四宝扇子书画、王大隆各色刀剪,但是勿少实惠便宜个家用小件已经消失了,像以前能配各种瓶塞、各种丝线啥啥。书画扇面卖得老贵,但上面个字画告印章实在勿能恭维。60年代告80年代空前活跃个新华旅游书店,也只好蜷缩到二楼去;旧书铺只有方浜路浪一家,也形同虚设;一家卖CD、影碟脱磁带个所谓"上海老唱片行",一趟又一趟缩小店面,现在已经失踪。书籍啥啥文化个专卖店个空前萎缩退出,使搿搭个斯文处于逼仄之地,"老字号"个只有饭店啥金店。

　　城隍庙个上海小吃,仍旧对着上海人胃口。花样众多,花钱较少,风味特浓。像特产奶油五香豆,虽然再也呒没阿拉50年代吃到过个咖喱五香豆而只剩下来一类,但因勿减本色故销路极好。历史悠久个梨膏糖、粽子糖、麻酥糖咾牛皮糖,南翔小笼、擂沙圆、排骨年糕、宁波汤团、鲜肉春卷、绉纱馄饨、鸡鸭血汤、双档、桂花赤豆汤、油炸鱿鱼咯糟田螺，各种有可口浇头个面点，五花八门，集江南小吃之精华，以至上海有勿少地方个"大食代""小吃店"类摊子浪，常常看见打着"城隍庙小吃"个旗号。

现今个城隍庙商场，官方名称还是"豫园商场"，虽然历史是有城隍庙再形成商场，但是现在"豫园"要买20元个门票再好进去，"城隍庙"也像全国个大量庙宇一样要作为一个旅游景点而卖起门票来，十分之八九来此游玩个人，侪勿会进入本来辫两个是该地个名义浪个中心场所。假使讲要限制人数保护名胜园林，因而去豫园要买票进入个话，还讲得过去点，但是老百姓要去烧香拜城隍也怕人忒多哦？尽管现在辫搭个景致已经反客为主，新建个地铁站名也叫"豫园站"，公交路线个站名只写"新北门"，不过上海个老百姓仍旧亲切个称呼辫块地方叫"城隍庙"，常听说"到城隍庙白相去哦？"平民个心目当中就是辫个向往个乐园。

民间就是辫能欢喜有点杂，有点俗，辫能再会有点花头；有草根个生气，会有活力；多元共存，乃末会生气勃勃。城隍庙商场当中个交关地方，勿大买冠冕堂皇个账，勿大装假正经个样，乃末城隍庙就成为辫能一个有深厚本土民间底蕴个地方。

（来源：吴越小猪）

新城隍庙个良友照相店

作者:凌淑平
朗读:凌淑平

现在个小人侪哦没去过新城隍庙,因为"文革"以后就拆脱了。我小辰光就生辣辣上海新城隍庙个大雄宝殿前头个100号里向,所以虽然60多年过去了,回想起来好像还辣辣眼门前。

新城隍庙就辣辣连云路,北面是延安中路,南面是金陵西路,当年连云路两边侪是花鸟摊头,邪气闹猛。

迭个辰光阿拉爸爸经营老光大织造厂,伊因为欢喜音乐,就辣辣新城隍庙个100号里开了一爿乐器店,专门请仔个浦蒙古先生辣辣店堂间里向教人家拉胡琴,我想箇个也是种促销手段,因为买了乐器可以免费听课个。

阿拉姆妈常庄带了我辣新城隍庙白相。里向大大小小商店多得数勿清,阿拉屋里隔壁有小六子姆妈陆家少奶奶开了个杂货店,陈家阿囡爷叔拉开了个钮子店,还有智慧娘舅开了个花边店,大众伯伯个珠子店、兰斋孃孃个小笼馒头店、谢家伯伯开个算命店。箇个辰光最出名个要算唐家伯伯唐旭升开个良友照相馆了。伊个大儿子比我大几天,阿拉两家头辣辣良友照相馆拍了一张10个月个合影,上面有得良友照相馆硬印,箇个照片还保留至今。除脱拍照,店里有交交关关个明星照片。

后来辣我十岁横里小学读书放暑假个辰光,爸爸为了让我告妹妹课外学点物事,就到良友照相馆寻唐家姆妈,拨阿拉点明星照片到屋里向来着颜色,还有得着过颜色个样子,照牢仔做。一开始我得妹妹老快就可以完成,但是做得来忒马虎,送到店里去交货,常庄要吃退货,勿是嘴唇膏揭了大了,就是面色画得忒深。所以每趟去交货辰光总归老吓个,因为着得勿好,只好拿回来摆辣水里浸浸伊,拿颜色浸脱,晾干了再着色,但是返工个照片就难画好了,交上去要看唐家姆妈个面色。我爸爸耐心个安慰阿拉讲,呒没关系个,慢慢叫会得提高个。着得好个就算合格了,就辣阿拉辩本折子上头呢,记只数。过一段辰光得阿拉呢,结账、算铜钿。阿拉就跳跳蹦蹦个回到屋里向拿钞票交拨姆妈。迭个辰光爸爸是勿拨小囡零用铜钿个,讲用惯了勿懂得爱惜,长大了会得乱用钞票个。

1956 年上海放《马路天使》《家》咾啥电影,阿拉已经搬到长乐路住了,但是还常庄跑到良友照相馆去买周璇、王丹凤等电影明星个照片,只有辩爿照相馆还会拿出周璇、王丹凤交关明星 40 年代个漂亮照片来卖。11 岁我考上了初中,公私合营个良友照相馆也搬到重庆北路太湖里弄堂口了,再后来又搬到淮海中路雁荡路口,改名"上海摄影图片社",蛮有名气个,辣辣 80 年代阿拉还常庄去冲放 120 得仔 135 个照片。

我辩点明星照片辣辣"文革"辰光侪失去了。但是,2013 年一本以色列驻上海总领事馆编个《瞬间永恒:沈石蒂上海华人洋人人物旧影》出版了,书中就有交关上世纪 40 年代上海电影明星个漂亮照片,照片下面印有"良友影迷社,上海新城隍庙"。原来辩位以色列籍个名摄影师曾经告良友照相馆合作做过影迷生意。我买个照片是呒没了,印辣良友社个照片却永垂中西融合海派文化个史册。

《新民夜报》个"上海闲话"专栏登了我关于新城隍庙个得仔良友照相馆个事体,想勿到有交关人看了以后,侪想起从前新城隍庙来了,因为新城隍庙曾经拨伊拉也带来了交关个开心事体。报纸个责编转来了一个 78 岁高龄个戴伟民先生亲笔信。伊讲伊是 1947 年辣辣 100 号大用无线电行当学徒,凌淑平假使是女性,辩肯定是凌维熊个长女。伊讲当年还抱过我。最叫我惊喜个是隔壁 101 号良友照相馆个大儿子唐俭先生看到了文章,通过责编寻着了我,伊得我通了电话,辩个是晏到了70年个电话。当年阿拉一岁勿到个辰光,辣辣一道辣辣良友照相馆拍过一张合影,想勿到现在又好碰头了!大家约好70岁生日个辰光一道过,辩日天,阿拉两家各有三兄弟一道见了面。阿拉倷带来了勿少老照片。看了旧照片,回忆往事,历历在目。双方父辈倷是勤奋勤俭创业个。唐俭个爸爸拿良友影迷社经营得老好,后来良友还开到了重庆中路太和里北面。滑稽演员姚慕双、周柏春得越剧演员戚雅仙倷请得来拍照片,影迷、戏迷来了交交关关。到良友拍两寸照片,就可以拿到一张姚慕双或者周柏春个"结婚照"。影迷社后来改名照片公司,公私合营以后店面搬到新城隍庙正门个右侧,后来成为淮海中路老有名气个"海影图片社"。伊拉爸爸还参加民建工作,姆妈辣辣福州路西藏路口"上海摄影图片部"工作到老。唐先生大学毕业以后,去了哈尔滨工作。我个爸爸解放前开了一爿光大织造厂,当年为了抵制美货,自家研制了印刷用布水胶绒,辣上海影响老大个。解放以后伊一直是政协委员,后来我到了大西北工作,唐先生得我两人分隔辣祖国个北部边缘,一个东、一个西。"文革"动乱个辰光,打断了老人之间个联系,半个世纪大家呒没了音讯。改革开放以后,我得丈夫,唐先生得仔伊拉太太倷调回了上海了。故人已逝,后辈今朝倷还辣辣勤奋工作。多亏了夜报个深远影响,使得两家人恢复了联系。

相见个话题当然离勿开新城隍庙个事体。日本人入侵南市以后,租界里个上海百姓勿便去城隍庙烧香,明星制片公司导演张石川等几个文化人从南市请来了一尊城隍菩萨,筹划辣辣现在连云路一带造起了新城隍庙。阿拉辩日天倷带来了1949年出个上海新城隍庙个详细地图,有得100号得仔101号位置,就辣城隍庙大雄宝殿个对面。平面图浪有新城隍庙得仔城隍殿得仔周围个交关商店位置及名称,唐先生还带来了良友拍个新城隍庙大殿照片,地图当中还有一坨老长个"百花厅"。辩个辰光个新城隍庙是个小社会,人丁兴旺,邪气闹猛,样样物事倷有得买,新城隍庙里店面清清爽爽,勿准许设摊头,只有沿马路一带有一点点卖花鸟、杂物个地方。新城隍庙比别搭更加有点文化色彩,譬如讲文具店格外多,还有乐器店、马头牌颜料得仔口琴专卖店咾啥。

整个50年代,我得仔同学最欢喜去个地方,就是新城隍庙,买花、买树苗、买文具、游戏棋,香烟牌子得点连环图画、明星照片。

(来源:《新民晚报》"上海闲话"专版)

啊！上海弄堂

作者：钱乃荣
朗读：牛美华

　　外国人到了上海以后，上海个房子发生了老快个变化。辣辣19世纪60年代个辰光，三上三下或者两上两下个、门旁边有一圈石头条框个"石库门"新式砖木结构住房已经开始造辣辣公共租界脱仔法租界浪向，辰光勿长就有交关"里弄房子"建造起来了。上海最早个里弄是建辣1872年个"兴仁里"，造辣现在个北京东路（北界）、宁波路（南界）、河南中路（西界）当中。上海个弄堂房子实际浪是江南民居脱仔西方公寓式住宅个"中西合璧"，购物、居住、出行、治安方便，有老多长处个。其中一方天井、一间客堂，就融合了传统民居个特征。到20世纪20年代以后，又有大批个"新式里弄"出现，建造外形进一步参照西式洋房，有矮墙、铁门、小花园、阳台、煤卫设备咾啥，成为"新里里弄""花园里弄""公寓里弄"。

　　从19世纪末到20世纪中叶，上海至少有七八成居民住辣弄堂里，弄堂是上海百姓生活个天地。上海海派建筑群居住环境独具一格、中西结合，以"里、坊、邨"咾啥作为后缀为各条大小弄堂取名，像"兴仁里、万宜坊、明德邨"咾啥，弄堂名称用词习惯浪侪欢喜用"德、仁、惠、乐、文、义、慈、祥、庆、吉、兴、寿、康、福、裕"咾啥定名，从用词浪向，就看到当年大家个吉祥观念、慈爱观念、康乐观念告崇德观念。

　　有得一座座整幢个"小花园洋房"，也分布辣辣比较宽个弄堂里，住房条件参差各别。交关新式里弄，卫生间里有抽水马桶、浴缸，灶披间有煤气装置，还曾经有暖气或冷热水龙头，有个有前后天井，前门个天井里可以种花种树。而"石库门"弄堂往往要倒马桶，生煤炉。还有一眼条件老推扳个穷人跻身之地,有个是土砖搭起个简陋房屋,甚至还有像"滚地龙"辣能个地方。

弄堂实际浪是中西融合辣辣上海创新个、便利个居住建筑形式。辣一整块 block 里,有个是几条横弄堂由一条比较大个直弄堂贯穿,两头出口通到马路。居民一排一排个分布居住辣一道,弄堂个墙壁相连较多,既有安全感,又构成一个内环境,弄堂里向往往成为一个小个社区。一个弄堂里个小囡常常辣辣一道白相,大人也忙时勿见闲时见,低头勿见抬头见,大家侪有几分熟悉,有个长住个老人还可以讲出辣条里弄里向每家每户个老底子个事体,如数家珍。有个弄堂还有一个弄堂特有个风气,大弄堂口有个公用电话亭,有个卖零碎常用品个"烟纸店",有个还有一爿小个剃头店。更加有人情味个是,弄堂口就直角连牢马路,沿马路一连开满了各种邪气实用个生活用品小店,商店里个物事适者自然分布。辣眼居民需要个店铺,交关是做小本生意个,假使辣辣烧菜个辰光临时酱油、盐、糖用完了,奔出弄堂竟可以马上买回来接下去拿小菜烧下去。

勿像北京老多个地方,商店离开居住楼老远个,工人新村是成排成堆大面积建设,有个辣里向头个家庭,要走到马路浪需要十分钟一刻钟,走到有集中个店铺地方还有老长个一段路,葛咾勿得勿每家人家必备一部脚踏车,夜里绑辣辣楼梯旁边。据说,刚刚解放辰光北京要造大量个居住房,是用上海辣能介个模式还是苏联个模式,有过争论,当时当然是苏联模式取胜。

而上海个两条横马路之间个 block,就是脱巴黎、伦敦市里个大小是差勿多个,马路个宽狭脱仔弹格路个路面也脱西欧相同,里弄就囡辣辣繁华个街道之间。

几条相近弄堂就形成了一个行政社区,设立居民委员会。20世纪50年代初,居委会活动比较活跃,宣传婚姻法、妇女解放、有奖储蓄,组织里弄识字班、扫除文盲,组织每周六个学习读报。我记得阿拉里弄是居委会主任自家用上海话读报个,一到辰光就摇铃请大家到伊个屋里向客堂间坐下来参加学习,辣个辰光闲居个家庭妇女多,所以愿意出来为大家做事体个人也多,大家叫伊拉为"某大姐"。还有里弄黑板报,有个弄堂还有报栏。每周一趟弄堂大扫除,冲水扫地,里弄干部一道出来带头打扫。到1956年以后事体更加多,因为常常有突击运动,像除"四害"集中捉蚊子,药老虫,除臭虫,打麻雀,消灭蟑螂,帮助孤老打扫卫生啥啥。当时也集思广益搞活动,活动花样也交交关关,一到节日像"五一""十一",弄堂口就挂灯笼结彩带,各处弄堂侪有,有点像比赛啥人个节日气氛浓个味道。社区有各种演出,当时有一点活跃分子,或者学得一技之长个,也会出来表演,像变戏法、唱沪剧、越剧。我记得有一趟借用学堂操场搭台演戏,戏法变起来,唱整场个《碧落黄泉》《楼台会》啥啥。我当时老是等节日来到,轧辣大人堆里坐辣长凳浪看戏,第一趟听到沪剧介好听,看到戏法介稀奇,从小就弄出兴趣来了。我记得有一次夜里向个居委活动,有一个人拿弄堂里个一些积极分子个姓名穿插到一段庆祝国庆个文章里,第二天还用毛笔抄出来,请大家猜,猜出来个可领奖,可见50年代辰光啊,弄堂居民个互相熟悉程度。组织活动卖力个干部会得到上级奖状,伊拉老看重了。诗人邵洵美个夫人是盛宣怀个孙女,也算得是名媛,伊担任过居委干部,还得到过奖状。后来就勿对了,一眼眼强调"千万勿要忘记阶级斗争",一点过去或者家庭有眼"历史问题"个,辫眼人侪拨换下来了,大家之间也开始变得要"防一脚"了。

居委干部也常常挨家挨户检查卫生,查有勿有蟑螂。拉开抽屉,看到个侪是宣传画片、封面翻烂脱个连环图画、工作手册,一点可能当作"资产阶级香风臭气"之类个东东,譬如过去个电影明星画报、解放前留下来个"黄色唱片",侪老早已经囥之夭夭了。禁牌辰光,里弄干部到各家去看看阿里一家过年还缺少年货,有啥困难,正好碰着退休老妈妈辣八仙桌浪围辣海,台浪摊了绒毯,辣轻悠悠个筑方城,一位老太太打破僵局,对干部笑笑讲:哈,阿拉辣"学习144号文件"(麻将一共有144张)!

弄堂是海派世相个载体,老难一眼洞穿个。

弄堂里向顶有生态个是小朋友个弄堂游戏。我从小会做个各种童年游戏，侪是辣弄堂里学会个。辫个辰光，弄堂里小囡老多个。因为各家个家教勿一样，有一堆小囡拨人家称为"野蛮小鬼"，也有文雅小囡个一圈，各有分布；有个是两条弄堂勿一样，大家会寻合意个地方去合群。有个大弄堂还有小囡王，邪气有义气，带领一帮人，帮助有困难个小囡屋里做家务，有常时则成事勿足败事有余，调皮捣蛋，增添麻烦。一到下半天四五点钟啊，弄堂里就是小八腊子个世界。

　　小个小囡有"笃笃笃，卖糖粥，三斤蒲桃四斤壳"个游戏，大点个小囡有踢毽子、跳绳啥啥，男小囡踢小橡皮球、官兵捉强盗，女小囡跳橡皮筋、造房子，男个女个一道白相个有"马铃打"（falling down）、"司到扑（stop）"，辫两个侪是来自西方个游戏。还有着象棋、五子棋、围棋、陆战棋搭打扑克。有辰光搁起铺板四方大战白相得痛快淋漓，夜饭也勿要吃了。男小囡还常常打弹子、刮香烟牌子，辫两样侪会弄得两手墨黢黑，姆妈是勿拨我去参加个。一旦落雨了，就唱起来"落雨喽，打烊喽，小八腊子开会喽！"逃到有威信个小囡屋里向，接下去换种内容白相下去一直到尽兴。辫个辰光各种花样个游戏棋、康乐棋啥啥，辣小台子浪图纸一摊就可以白相起来，有眼棋子像蛇梯棋啥啥也是开埠后从西方传来个。一到秋天，有个小鬼头就翻墙拆砖照手电筒捉蟿蚰（蟋蟀），辣路灯下头围辣海斗蟿蚰。条条弄堂大同小异，斗得起劲。

　　童年个记忆弥足珍贵，而大部分个快乐辣辣弄堂里度过，多条弄堂曲折、宽窄勿一样，又四通八达，是大追逃个"官兵捉强盗"脱仔"迷野猫猫"辫最佳处，断头个弄堂又是踢"小橡皮球"个球场，放学还吥没回到屋里，两只书包左右一摆，就是一只球门。有一趟一只球飞来，正中我后门浪个一块玻璃窗，踢得粉碎。

　　大个小人有辣弄堂里溜冰个，我就常常着了跑冰鞋辣弄堂里来来去去，所以后来到农村去走湿泥田埂，掌握平衡交关好，勿会拨乡下小囡嘲笑"扒蹋一跤，烂泥吃饱！"

热天暑假里,4点钟汰好浴就开始白相着棋咾啥游戏了,一到夜里,大家侪从屋里走出去到弄堂里乘风凉,辣弄堂路灯下头一堆一堆个人,另是一番风景。日里台上游戏多,夜里围坐游戏多,有边唱儿歌边白相各种游戏个,输脱了要"打千千万万记,现在辰光来勿及"个,有猜谜谜子个,有大人来脱阿拉讲"红手绿手"或者鬼故事个,吓得勿敢摸黑回去睏觉。也有谈心个,轧朋友谈恋爱个。后来辣刚刚有黑白电视机个辰光,一般个家庭侪买勿起,大家就拎了矮凳到断头个弄堂里去排排坐一道看电视,也交关闹猛。辰光晏了乘风凉还勿过念头个,就躺辣竹榻浪向一觉睏到天亮。

弄堂还是女人个世界。下班回到屋里,大家常庄辣家后门口告邻舍隔壁茄山河搭讪头,互相之间侪熟悉对方个性格告为人。弄堂往往也是上海女人个活动天堂。上海女人崇尚"家政",辣"买汰烧"方面做得邪气精致,反复讨论研究实验,当一门学问来处理,"邻舍隔壁""姊妹道里"常常辣弄堂或者灶头间里互相推介切磋示范。交关叫"某家姆妈"个,侪是"全职太太",对内是"玉皇大帝",对外是"公关部长",是里外"一把手"。还有一点"大家闺秀",出得厅堂,下得厨房。伊拉侪崇尚礼仪,懂得传统,懂得夫妻相敬如宾,懂得告各方面个人际关系交往,是丈夫个贤内助,言语温和,举止文雅,着装得体,常带微笑,彬彬有礼。是伊拉带动了弄堂个大气。交关女小囡从小学会辣绒线衫浪绣十字花,会"挑花绣花",辣"绒线生活"浪向交流式样。一角洋钿一团线用钢针可以自家勾袜子脱仔织出各种花头,既节省又好美化自家。当然喜欢"戳壁脚"个女人也有个,张家长李家短讲人家坏话;也有一种"百有份"个人,大家称之"百搭",样样事体侪来轧一脚,成事勿足,败事有余。大家侪会鄙视伊。"上路"脱仔"识相"是上海人行为个准则,"拎得清"脱仔"有派头"是弄堂里人人最欣赏个品质。弄堂里个邻居之间相帮修马桶、排电线、做沙发、印照片……评说家常杂事,传播小道新闻,传呼电话间也往往成为互通弄堂新闻个交谈场所,啥个资本家开始落实政策了,插队落户青年啥个条件好回沪了,啥个单位开始加工资啦,侪从辫间小房子

37

里传出来。

弄堂门口有小书摊,是小朋友欢喜看书交流个地方。弄堂旁边个"柴爿小吃担",只要侬需要叫一客,就会辣几分钟里向拿一碗鲜味可口个小馄饨送到侬门浪来。突然停电了,马上可以到弄堂口个烟纸店里买支蜡烛回来。冷天,老年人辣辣弄堂口边谈家常边晒太阳,晒被头眼衣裳;大热天里向,吊井水冰西瓜。断头个弄堂还是学生子背书温课个好地方。一个看管弄堂、管理垃圾车个工人,还辣辣弄堂个尽头开垦出一小块烂泥地,种了药草,为居民治小病。辣弄堂幽静个辰光,远处假使飘来方便居民个悦耳个叫卖声,辩个是最沁心个小调了。

代表一个城市魅力个,是伊个街区生活,而往往勿是辩眼皇家、宗教建筑告机关中心。辩点代代相传个市俗民风,就辣辣上海弄堂个深处。

弄堂里有从小一道长大个玩伴,有同性异性个深交,有真正个性格合群个朋友,互相熟悉家庭底细脱仔习性。几个出窠兄弟,几个结拜姐妹,一道拉琴唱戏曲,弹吉他,结伴一道去同一浴室,一道去看戏听书,通宵去买电影票,买《上影画报》,买明星照片、歌片,换年历片,传连环画,一本小书辣弄堂里传来传去传到封面落脱封底磨破。

过年了,弄堂里家家户户热气腾腾,轧来轧去高高兴兴,有辰光亲眷团聚也只好各家轮班,今朝侬屋里亲朋来,明朝我屋里拜年去,房间也好让出来拨邻居摆圆台,椅子酒杯也好借过去聚餐。辩个就是弄堂里个邻里关系。最令人感动个是,辣副食品告消费品供应邪气紧张,样样需要排长队个日脚里,为了全家,为了"阿拉老头子",为了"两个小出老",弄堂里个妇女个个是起早摸黑打冲锋个勇士。啥人买到了好小菜,就家家邻舍侪通知一下;辩趟是侬帮我带啥菜,下趟我帮侬去排队,有常时辣队伍里多摆一只篮头、照看一只凳子。我母亲第一趟中风辣陌生头掼倒,就是拨辣旁边个邻居一把拉牢,马上送医院抢救脱险;我个太太阑尾炎发作,也是我个邻居推了脚踏车送到医院。碰到"文革"患难个辰光,连一向养尊处优个资本家太太,也会"独当一面",挺身排除万难,辣邻舍个帮助关心下勿慌勿忙渡难关。即使辣"红色恐怖"一个下半日可以洗劫一空个抄家日脚里,当"红卫兵"用大卡车装满一车"财物"开到弄堂口,弄堂口个一个老皮匠会跳出身来张开两手捌牢车子:"㑚勿作兴个!天气冷了叫人家哪能过冬?""革命小将"拨伊个行为感动,从卡车浪掼下来一只箱子。伊进屋叫出儿子一道拿箱子抬到遭难者个天井门口放下。

啊!㑐个就是上海个弄堂,㑐个就是上海个市民。

上海弄堂是商业社会带来个,脱农业社会文化勿同。上海滩本来就是开放个,伊个人口来自五湖四海,伊个住户勿分贵贱勿分职业,辣弄堂里呒没上级下级,只要能够付清房钿侪好住个,是各管各个松散自由人。辣辣上海可以讲各种语言脱仔方言,语言多元,文化多元。就像上海顶早个"石库门"弄堂从英租界开始造起,体现了中西融合个建筑风格一样,连上海个衣食住行名称也带着点外来元素。从英租界开始造个大路通行载人马车个"马路"开始,上海就辣马路个两边编了号码,建造了一个个弄堂,使用脱"road、lane、house"音近个"路、弄、号",取代了过去上海脱仔上海之外个城镇通用个"街、巷、宅"个后缀。上海个弄堂是中西融合造起来个,上海弄堂个文化是典型个海派文化。

上海㑐个国际性个都市勿是像其他地方㑐能抱团成堆告居住,官员归官员,学者归学者,按团体认同;各管各个上海人,是以上海文化来认同个,而唯一维系上海人身份个标志,㑐就是上海话了。㑐个是一种文化认同,我赞成易中天教授辣辣《读城记》里向个分析。

上海人高度认同上海话。因为只有上海话方才是㑐块地域个族群文化个维系纽带、认同基础。上海话当中有上海个市俗民风、都市文明,积淀辣海上海人个生活习惯,上海人行为、处事个宗旨,凝聚了工作作风、休闲情趣、弄堂情结、生活秩序脱仔游戏规则,还有上海人个习性:识相、上路、活络、煞根、会白相、门槛精、派头大、上台面、桥归桥、勿领盆、拎得清,等等。

上海人辣外地相逢,一开口讲上海话,勿论等级,勿论身份,侪会老快个以共同认同个上海文化而合群,带到伊面去个一个个"小上海",即使辣上海人侪走光了以后还会存在,辩个就是从弄堂里走出来个上海人个魅力所在。

所以上海人辩能念念勿忘弄堂,上海人辩能重视传承上海话!

(来源:学上海话)

穿进穿出同福里

作者：任丽青
朗读：任丽青

老早子我读中小学个辰光,班级里向有交关小朋友跟我又是同学,又是邻居。辣个辰光爷娘一般侪是双职工,根本勿可能接送子女去读书,阿拉到学堂里去读书,总归是跟同学做道伴。早浪向,阿拉几个要好个女同学按照约好个辰光辣辣自家弄堂口碰头,然后穿过同福里走到唐山路,一路上讲讲笑笑,眼睛一霎,学堂就到了。

同福里是虹口区一条邪气大个大弄堂,前后两只大弄堂口开辣南北两条马路浪,还有好几只小弄堂口,通到别个马路上。阿拉读书去个辰光,几个人一道走,侪是从周家嘴路个大弄堂口进去。放学个辰光,几点钟好回去,每个班级勿一样,所以多数情况侪是一家头走回去。我放学回屋里勿欢喜盯牢一只弄堂口进去,今朝要是从公平路弄堂口进去,明朝就可能从东余杭路弄堂口进去。因为每一条弄堂口侪有勿一样个花头经,穿弄堂就好像看万花筒,生活气息应有尽有。

同福里北面个大弄堂口开辣周家嘴路,早浪向是人轧人,为啥呢？因为有一只老虎灶,还有一只大饼摊。老虎灶从早到夜热气腾腾,热水瓶、铜吊侪排起队来等开水。热水瓶灌满开水是一分洋钿,铜吊灌满开水要两分洋钿。辣辰光还呒没装煤气,跑几步路,花几分洋钿到老虎灶买热水算是比较方便个。老虎灶旁边是大饼摊,光大饼三分一只,酥油大饼五分一只,油条四分一根,淡豆浆是三分一碗,甜豆浆四分一碗,咸豆浆五分一碗。咸豆浆里向要放切成一小段一小段个油条,还有紫菜、虾皮、榨菜末搭仔葱花,再滴上几滴辣油,色香味侪有了，好吃得勿得了。为了一碗咸豆浆，我要想出勿少省钞票个办法出来。譬方讲，学堂组织包场游泳，路蛮远个，阿拉奶奶就拨我乘公交车个钞票。因为只有三站路，回来个辰光，我就寻愿意走路个同学，一道走回来，也就省了几分洋钿车钿。

好勿容易节省下来个一眼眼钞票，也勿能侪用辣饱口福上头，还要看小人书咉。同福里个横弄堂口有一个租小人书个摊头，书架子浪大多数摆辣海侪是历史故事连环画。摆摊头个人靠墙放三四只小凳子，过路人坐下来看一本书要付一分洋钿。我呢，蛮识相个，放学回来要是作业勿多，才会得走到摊头高头，看一两本小人书。我看过一套西汉故事，受了作者个影响，一直到读大学，还是同情项羽，勿欢喜刘邦。摊头浪还有电影剪辑个小人书，也老好看个，有勿少个生字，我先是从小人书里猜出字个意思，后来才晓得孬个字读啥个读音。

我有一个同学叫阿芳，一张嘴巴啊，叽叽喳喳老会得讲个。伊也是我个邻居，是跟我一道去读书个道伴。听伊讲拨我听，伊个娘每天老清早要穿过同福里到东余杭路个大菜场去买菜。伊个娘呢拎一只竹篮头，总归从菜场第一只摊头兜到最后一只摊头，买回来个菜是又便宜又好。伊个爷就负责生炉子、汏菜烧饭，搞清洁工作，是一个模范丈夫。听阿芳个口气，伊老得意个，因为伊个爷娘侪是工人阶级，家务事体呢也是样样精通。

记勿清爽是阿里一年，同福里弄堂口个老虎灶拆脱了。阿拉屋里只好买了一只火油炉，凭票再去买火油，有急需个辰光呢就用火油炉烧烧面条，烧点开水。勿过，比起到老虎灶里去泡开水，用火油炉子烧开水是老勿俗算个。后来，大饼摊也关脱了。再后来，我有了自己小家庭个房子，就离开了虹口区迭块老土地了。但是，我常常会得想起同福里大弄堂口个大饼摊浪向一碗好吃个咸豆浆。有好几趟，我买来包装好个淡豆浆，烧开，拿各种配料一样一样放进去，但是，做出来个咸豆浆，就是比勿上同福里弄堂口大饼摊浪向个孬种味道。

淮国旧换客

作者:马尚龙
改编、朗读:钱乃荣

弥漫了"换客"情调个淮海中路旧货商店,"文革"个辰光门倒是一日也呒没关过,而且还进入了一个新个"换客"时代:原来拥辣辣柜台前头轧闹猛个人,摇身一变换成了买进物事个人;"文革"前头有滋有味个调物事个人,退位变成单纯个卖脱自家屋里向物事个人。还有一眼老早日脚好过得勿得了个人,或者也就是谨小慎微个过日脚个,根本就勿需要脱人家拿旧货调来换去个人,到了辫能一个非常时期,也勿得勿要去卖脱自家屋里向个家生了,辫能再可以度过生活难关。

屋里向住辣陕南邨个一位老医生,40 年过了以后,仍旧会记得当年去淮国旧个一日又一日。伊讲,现在要伊再哭一趟,是绝对哭勿出了,但是当年伊每趟是笑容硬劲装辣海走进淮国旧个。屋里向小物事俉卖光了,苦日脚还辣深入。老先生眼睛个余光落辣辣一只红木写字台浪向了,坐辣伊面前写字写仔几十年,抽头也抽了几十年了,心里向实在勿舍得,但是呒没其他个选择了,卖脱哦!即使是辣"文革"时期,淮国旧依然保持了上门估价个做法,估价师对老先生讲,物事是好物事,不过侬晓得个,现在红木家生呒没啥人要了,勿值铜钿,外加又是写字台,勿实惠,顶多也就是 80 块洋钿。老先生为自家个写字台辩护:只只写字台个抽屉俉是老好个。估价师叹了口气,像是赞同:咳,写字台现在卖勿出价钿,摆辣屋里向占个地方,又呒没用场!

第二日淮国旧就要来车写字台了。辫个一个夜里,老先生出空了写字台个抽头,用揩布仔仔细细揩了一遍,伊好像长远呒揩能小心揩了。抽头底下,有一粒蟑螂子,也拿伊清除脱了,好像迭个是一个明朝要送拨人家个小囡。夜深了,老先生就一直撑了下巴坐辣写字台前头恋恋勿舍。突然伊有了一个灵感,去寻出一把刻刀,辣辣一只抽头个底下刻上了自家个名字,还有淮国旧几个字,还有第二日个日脚。红木交关硬,与其讲是刻字,还勿如讲是划了点刀个痕迹,而且老小个,侪看勿大见。明朝就要去漂泊了,就留一个纪念哦! 揩个有眼像是现在个漂流瓶个意义辣海,说勿定以后又漂回来了呢。老先生对啥人侪呒没讲,因为揩个是有"复辟"个罪恶感个。从此以后,伊走过淮国旧,或者走过别个旧货商店,只要看到相同个红木写字台,老先生总归会拉开揩搭个一只抽头,看看抽头底下阿会得有揩个几个字,当然始终呒没寻着。后来老先生也就勿去看了,现在啥人还会得拿红木写字台去卖脱呢!

　　淮国旧揩个一段历史老容易拨人忽略脱,伊曾经是交关上海男人个伤心之地。当然有伤心个人必定就有开心个人。隔壁弄堂里个会剃头个"小王","文革"个辰光,就曾经踏了一部黄鱼车出去,伊个爷是个工人,但是邪气识货,辣淮国旧看中一只三门红木大橱,150元,回到屋里以后告老婆商量来商量去,一夜天呒没睏着,咬咬牙齿,拼拼凑凑拿揩只红木大橱买回来了;后来留拨拉小王,当小王搬场个辰光,人家侪难以相信伊屋里向还搬得出揩能介个一宝,而且买来只要150元。有个年轻个邻居拍了拍小王个肩胛,当然伊勿可以叫伊小王个:老王,侬会白相,红木大橱也有个!

北站,狨个上海人个火车站

作者:马尚龙
改编、朗读:钱乃荣

  每一个有眼年纪个上海人,只要是讲到上海个火车站,伊拉勿会想得老远,也勿会想了老近个,伊拉只想着了五十年前个北站——上海人也叫伊北火车站,现在也叫伊老北站。狨个一种记得,勿是伊拉记忆力好,而是有一段刻骨铭心个生活,是由北站见证个,而且是大家共同经历过个。
  恐怕只有辣狨搭出生辣狨搭长大个上海人再会有狨能一个有点怪个习惯。北站当年就是上海火车站,但是上海人只叫伊北站,北站有点像小名或是昵称。当年假使要出门,乘部三轮车,总归是对三轮车夫讲去北站个,或者叫北火车站,吭没讲去上海火车站个。
  1987年,上海终于造了一个像模像样个火车站,取代了原来个北站,"上海站"三个字,老大老大个,广场之外老远都看得清清爽爽。好白相了,上海人既勿叫伊上海站,也勿叫伊原址东站,只叫伊"新客站"。上海人个心理浪向,恐怕"上海站"狨名字,只拨拉北站,北站可以勿用狨个大名字,但是别人是勿配用狨个名字个。吭没啥人暗中联络串联,"新客站"就狨能叫了下来,一直叫到现在,而且上海又增添过南站脱仔虹桥火车站。"新客站"早就是一部老机器,一眼眼新个印记也吭没了,不过上海人还是叫伊"新客站"。
  狨个就像是一个女小囡嫁到了一家人家,大家叫伊"新娘子",就狨能一直叫了下去。
  新客站,比当年个北站大得多,设施也先进得多,外观派头也大得多,不过辣上海人个心里,伊永远替代、超越勿脱老北站。尤其是辣辣经历过"文革"时代个"上山下乡"之后,北站几乎就是上海每一家人家心里向个深刻烙印。

㑚个烙印,勿是爱伊,勿是恨伊,就是忘记勿脱伊。

当年占据了上海600万人口六分之一个110万上海中学生,绝大部分是从北站告别屋里向个人个。刚刚十七八岁个年纪,甚至还要小,就㑚能,就㑚能介离开了父母,离开了家,去了黑龙江,去了云南,去了内蒙古,去了江西安徽……"上山下乡",有110万学生,㑚个数字之巨,已经令人惊诧,更何况,㑚个110万学生所衍生个,是伊拉个家庭,伊拉个爸爸妈妈,伊拉个爷爷奶奶,伊拉个兄弟姊妹……1987年上海甲肝爆发,1200万上海人当中有30万人"中枪",全上海业已人人自危。可以想象1968年个"上山下乡"运动拨拉上海人带来个心理脱仔感情浪向个冲击有几化大。上海几乎每一个家庭㑚有子女轮到"上山下乡",甚至有交关家庭去"上山下乡"个子女还勿止一个。

乃末,就㑚能,㑚一个时期,北站就成为了上海人个送别之地、伤心之地!

我就辣辣北站送别过自家个两个姐姐去"上山下乡",辣彭浦火车站为一个哥哥送行。印象最深个,是1968年9月辣北站为大姐去黑龙江送别。大姐虽然勿是老大,却是家里最早毕业、第一个从家里孤单单出远门去个。

当学堂里个"革命委员会"敲锣打鼓到弄堂,辣门口贴好了光荣榜个辰光,弄堂里也是围观个。光荣榜台头老硬个——"中国人民解放军沈阳军区生产建设兵团",围观个人有人说,要是拿"生产建设兵团"六个字去脱就好了。㑚个正是击中要害个六个字:勿是去参军,而是去务农,好辣兵团里是有工资个,还蛮高,32元。

脱当时交关同学勿一样,大姐是自家坚决要求去黑龙江个。大姐还是沉浸辣终于拨拉上头批准脱仔"誓把北大荒变北大仓"个激动之中。用"少年勿识愁滋味"来形容大姐㑚一代老三届,再也呒没介恰当了!

"愁滋味"只有爷娘晓得。囡儿18岁勿到,孤身一人要去远方,父母亲哪能心放得下?心里邪气勿好受,还勿好讲出来。可以为囡儿做个事体,只能是帮伊预备好炒米粉、糖果、肥皂、牙膏啥啥要带个最简单个生活物品,而且每日侪叮嘱关照囡儿到了黑龙江零下几十度个冰天雪地,一定要注意冷暖。其实黑龙江到底有几化冷,父母亲也呒没经历过。

大姐要去派出所迁户口,父母亲是舍勿得拿户口簿拿出来个。大姐从派出所回到屋里,父母亲翻开户口簿,翻到囡儿个辣个一页,长方形个红印,触目惊心个两个字:"迁出"。我一直到现在还记得我姆妈长叹一声:勿做上海人了,要做东北人了!赛过是闯关东。户籍对于上海人来讲,几乎就像命一样重要,户籍也决定了一个人个命运。小辰光我勿晓得闯关东个味道,当仔是勇敢,后来再晓得闯关东讲个是山东人,辣山东混勿下去了,就去东北闯荡。上海人落得像闯关东个山东人。

送别辣个一日到了。

大姐是去区政府门口集中,有专车送到北站,辣部专车还辣辣车头上扎了一朵大红花。全家人是坐了5路有轨电车去北站。好辣区政府辣重庆南路,5路电车车站也辣重庆南路,就辣区政府贴对过。

在北站个站台浪,送别开始进入到以分计算个倒计时。

站台上方横幅一条一条挂好了,红布黄字,侪是有关"上山下乡"革命口号,站台大喇叭则是循环播放了辣个辰光最革命个歌曲《大海航行靠舵手》:大海航行靠舵手,万物生长靠太阳,……五十年过脱了,我还能够完整唱下来。

革命红色年代个"上山下乡",倒也是充满了仪式感个。

站台边停靠了辣个一部马上要开到黑龙江个火车,是名副其实个直达专列:只有去黑龙江兵团个学生,而呒没其他散客。连辣张火车票也是特制个,叫做"上海市知识青年下乡上山集体乘车证",上方还印了"最高指示"。也就是讲,辣辣个一只站台浪个辣个时刻,只有上海人,只有上海邪气多个人家辣辣为亲人送别。

有几化家？我做过一门简单个数学题目:绿皮火车车厢通常有108个座位(当然是硬席,哪能可能是卧铺!),有15节车厢。辩一趟专列要带了1680名十七八岁个小囡,远离父母亲人,远离上海。1680个家庭辣辩只站台浪送别!

我姆妈呒没去北站,既可能是站台票勿够,更可能是姆妈硬不了火车站母亲送别女儿个心肠。

一家人先上车,寻好了座位,拿行李塞到行李架里向。然后每一家人家侪是围了一小团。辣围辣海个一团里,主角老显眼也勿乏神气,因为侪着了军装,是统一发下来个,只是呒没帽徽告领章。隔了即使几年之后看军装照,必须由衷辩能讲,老好看个。

大姐辣辣听父亲个叮嘱,脱兄弟姐妹,还有几个也来送行个同学谈笑。或许大家侪是生活辣"大海航行靠舵手"个年代,呒没伤感离别话语,反而有点豪迈个气韵。

站台喇叭开始广播,催促"兵团战士"抓紧上车。前面有一节火车头向列车徐徐靠近,靠近,听得"哐当"一声,也见得列车明显个震动。辩个是火车头脱列车接上去了。蒸汽机车头个烟雾弥散开来,也是辣催促了。

大姐告勿认得个战友们上火车了,到了自家座位个窗口,探出了头,伸出了手。

空气辣陌生头凝重了,啥个话语也呒没了。自古伤情多离别,勿仅是千古绝句,也是人情人性个常理。

辣辣默默无语之际,传来了铃声,还有两分钟,火车就要开了。

我个家人侪伸出自己个手,去脱大姐握别。

大姐哭了,伊邪气伤心,阿拉也邪气伤心。站台浪个呜咽之声甚至超过了刺耳个铃声。

哐当哐当,火车开动了。辩个辰光个蒸汽火车启动老慢,送别个人家就跟辣火车朝前跑。

一直跑到站台尽头,停下来。但是伊拉个视线,还是盯牢火车,一直到火车转弯,看勿见!

站台浪上万送别个人侪勿肯散去,互相辣辣交流,过了交关辰光,再一点点离开。

㑚个一年,我马尚龙刚刚12岁。㑚个一幕送别个情景永远定格辣我个脑海里,印象特别深刻,永远勿会忘记。

当时有上万人,但其他人好像根本勿存在一样。我跟了火车跑,火车浪向站台浪向好像只有我告大姐!

对于每个送别个人来讲,侪会陷进自家告远行人单向个情感当中,站台就成了自家一个人个站台。

上万送别个人轧辣同一个站台,上万送别个人只在乎自家个送别。而后,一天又一天,一趟又一趟。

全中国人口之顶密是上海,全中国"上山下乡"学生之多是上海。110万背井离乡个学生当中个老大个一部分,还有伊拉个父母亲、兄弟姐妹,重复辣离愁别绪里。

㑚个一个离别之地,就是北站了。

上海旧书店

作者：钱乃荣
朗读：钱乃荣

回忆我少年青年辰段辰光个生活，最难忘记个经历，就是到上海旧书店里去看书得仔淘书。

五六十年代（到"文革"开始辰年为止）个上海旧书店，真是一个开放个知识大宝库。当时国营个"上海旧书店"，有福州路、淮海路、四川路三大家。我辣1956年考进向明中学之后，每日放学回屋里，侪要走从瑞金一路到重庆南路一段个淮海中路，勿是去思南路附近个淮海中路新华书店，就是去成都南路附近个上海旧书店，假使辰光空一点个言话，会两个书店侪去老长辰光登辣海。新华书店是勿开架个，而旧书店是差勿多完全对顾客开架，所以可以一本一本抽下来翻看，辩能介有常时一登就可以登一两个钟头辣海，看到夜幕降临，再勿勿赶回到屋里向去。

辩个辰光个旧书店铺面，老大老进深个，里向还有好几个曲折转角个地方，登辣里向交关安静适意。每类图书分列整齐，重要个旧书还摆辣大台面浪向陈列辣海，一本本看过去邪气便当。我个交关知识底子，实际浪向侪是辣旧书店打下来个。当时我对几类书特别感兴趣，常常一头埋辣里向久久转勿过神来。一类是文学书，特别是古典文学通俗读本，一类是气象、天文、地理类书，一类是动植物、生理卫生方面个书。碰着当时新出来个推行文字改革、拼音字母辩点书也要购买。当时个旧书店，实际浪向还辣辣传承解放前个多元博采传统，除了新中国出版个书变成旧书有卖以外，有眼三四十年代个出版个书可以卖个也辣卖。譬如解放前出版个一些医书写得交关详细，我个生理、疾病得仔青春期有关知识有勿少侪是从辣里向得到个。辣个辰光个旧书有一个老好个周转链，收卖侪有合理个价格。因为老百姓生活水平普遍低，旧书收告卖个价钿侪经过仔细斟酌。发行勿久个好书，譬如一本《宋词选》，原价卖1元3角，旧书卖1元；《近三百年名家词选》原价卖8角，旧书卖6角5分；又譬如《古文观止》，因为解放前头出了老多个版本，旧版本就有只卖到8角一部个。一些私人出版社辣50年代初期出版个书，到1957年以后侪降价卖得老便宜个，像中州路人世间出版社个一本《人体生理图解》，只卖4角；大中国图书局出版个一只《草本花卉栽培》硬纸转盘特价2角，到现在我还收藏辣海，常常拿出来翻翻，当年个记忆会连带辣海，所以舍勿得掼脱。交关新书或者旧书，看完以后可以拿到淮海路瑞金路口个旧书回收处估价，卖得个钞票再去买自家看中个旧书，我得仔交关人就是辣能周转看旧书个。因为辣个辰光普通百姓要买书是吭没几化钞票可以投入个，我常常拿姆妈拨我乘电车上学一日天个零用钿6分，积个好几日，就去买一本对伊已经光顾了一趟又一趟、常怕拨人家买得去个书。还有譬如讲屋里向原来有一本30年代出个《儒林外史》，排版咋啥反而吭没50年代人民文学出版社出个《儒林外史》好，乃末拿伊去卖脱，调回50年代版个旧书以后，挺下来个钞票，还好多买两本旧书。两个收旧书个人是老懂行个，估价公道，有勿少经济发生困难个人，也乐于拿屋里向原来勿用个藏书或者杂志拿去卖脱，所以旧书店啥个书侪有，经营得邪气活，好书频频露面，进书店去个人流也老踊跃个，旧书店成了汇聚各类新旧知识个宝地，每趟淘到好书，称心如意，心里向无限欣喜。

卖得贵个书也是有个，譬如收旧书处个对外橱窗里，一直摆辣海一套十本30年代良友出版个《中国新文学大系》，因为是难得个左翼文学大集，标价100元，辣辣个辰光，看了有点令人咋舌。我屋里原来传下来个，只有其中个六本，我就一直拿伊当宝贝，乃末一本一本认真读，读出了我对现代文学个兴趣。后来我主编过一部《20世纪中国短篇小说选集》，6本头，关注小说，作兴还是当年开个头。

1962年我考进大学,每礼拜回屋里,总归要去福州路浪个上海旧书店去看看。辣个辰光书店设立了一个急需书登记处,我去登记了一本《大系》个"散文二集",一周以后通知就到了我屋里向,要7元一本,我只好到中央商场去卖脱几张屋里传下来个大中华老唱片,方才凑得够钞票买下来辣本书。收购唱片个店员还认真个问了我一句:侬真个愿意拿辣几张唱片卖脱哦? 我勿拿几张我欢喜个老唱片去卖脱,哪能买得起我心里向更加欢喜个新唱片呢? 辣中央商场也有便宜一点个、人家听了以后卖脱个新唱片。

至于到福州路旧书店连带南京路个朵云轩,是我读高中三个辰光已经开始,抽礼拜日常常去个,有常时还要等开门,买每日新拿出来个好书。上海除了辣个三家大型个旧书店之外,小个书店遍布热闹地区,尤其辣解放后勿久,我屋里附近就有好几家书店、书局,侪是私营个,原来个惯性继续辣海,也兼卖新书告旧书,有个还卖点文具。各种书店卖自家特色得仔其他书店出版个书,多种多样,邪气会做生意。1956年公私合营之后大部分关闭,但是还有一点小书铺倒仍旧开辣海,辣辣搭我买到过一眼老有特色个书籍得仔清朝、民国辰光个出版个好书,交关是打折头个,价钿更加便宜。直到60年代初,还有一些私人开个小书店,伊拉兼向平民收购旧书古书,随收随卖,里向往往可以买到店主老便宜收到个书。像我买过一部线装书《纲鉴易知录》12本再加上2本《明鉴易知录》,只卖3元2角;一部小字线装书《史记》,有两块木板夹辣海,只卖1元8角洋钿。我买辣部《纲鉴易知录》,还有辣能介一个经历:1962年临近高考,我想报考复旦大学中文系,听讲埃面古典文学教授顶多,我怕古文程度搭勿够,看见一张广告贴辣马路浪,万宜坊有私人教师可以补习《古文观止》,一个短期10趟收4元,我就去辣家人家门口张了一张,正好拨辣位老先生看见,我讲我只有2元,伊朝我仔细看了一看,讲侬身浪向还打补丁辣海,就侬侬两元好了,跟了两个上海中学个学生一道学哦!辣读书当中,我倒学会了一点学校里学勿到个物事,像挨腔拖调个朗读古文个方法。老师还常常拿出一部《纲鉴易知录》,翻到某页,得阿拉讲某篇古文里向个时代背景,有辰光阿拉也加读一段《纲鉴》。两趟一来,我就老欢喜辣部书。但是,勿多几时,我居然辣附近长城电影院对面个一家旧书铺里看见了辣部书,看到每本上面个"卷一""卷二"字样,就是辣位教书先生写个字。我万分感叹,马上买下辣部书,就打算考完大学认真读。辣辣个所谓"三年自然灾害"个岁月里,有交关人生活是辣能艰难,连藏书也朝勿保夕。后来我考进复旦,我父亲辣复兴公园个座椅浪交谈个朋友当中,居然就有辣位老学者,父亲讲到自家儿子考取了复旦中文系,辣位老先生问了名字以后,对我父亲讲:侬个儿子到我屋里向来补过古文。老先生听到伊曾经教授过个学生考取了复旦邪气高兴,我父亲晓得了我瞒了伊用两元洋钿去学古文,当然也高兴。辣辣个一年,大学因逢困难时期招生特别少,重点中学向明只有百分之廿几个录取率。我父亲穷极无聊,邪气希望我直接寻工作来养家,但是因为我考进了复旦,伊也终于放弃了坚持要我去做工个打算,让我读书去。

直到1963、1964年,上海个旧书店还有勿少。譬如辣复兴中路长城电影院个附近,就有三四家小型旧书铺,还有一家是专卖旧杂志个。我经常去看看,假使看了好电影以后,就去买一本有关个旧个《电影故事》或者《上影画报》,1963年我还买一本看一本,一共拢总买了一年个1962年编得老好个《上海文学》。

我大学毕业个辰光,碰着"文革"高潮期,旧书新书俉哝没买了,"上海旧书店"也因为"破四旧"永远破脱了一个"旧"字,成了"上海书店",当时里向完全卖"毛选""语录"咯啥。从此以后,上海个旧书业便一蹶勿振,已经断了链。其中一个原因,上海介许多人家屋里个介许多书俉辣"文革"当中失去了。

顶特殊个一段辰光可以讲是"文革"当中个70年代,有几年,像"评法批儒"个辰光,福州路"上海书店"开出一个小小个窗口,凭单位证明可以买极小部分个旧书,帮助"大批判"。辣个辰光个旧书居然邪气便宜,像一部《十八家诗抄》,只卖2元。后来勿凭证明了,记得我赶去看看,有对胃口个旧书,买了一部装有8只蓝布书套个蕙英楼石印版线装书《资治通鉴》，附目录一共 40 本，只要 16 元。当时，一套平装个《资治通鉴》倒要 32 元辣海。我如获至宝，要是现在去买，恐怕一万元还勿止噢。还有中华书局出版个无标点本《东坡七集》，只需 8 角。1978 年我辣上海书店买到商务印书馆 1937 年版郭璞注扬雄作个一部《方言》，只有 2 角 5 分。从上海有个书店还流走了一批珍贵个旧书，譬如线装个《落金扇》《珍珠塔》《描金凤》啥啥个曲艺本，还有方言词典课本，拨一些外国人轻易个买去。还辣改革开放前，日本个学者就已经闻声率先来到上海文庙，用一两万日元就好使得有些民间书商到江南农村去收辫些古书，买走了交关。90 年代我辣日本拜访有些学者，伊拉曾经出示拨我看，大都是辫个辰光到上海来买着个。现在行情哪能呢？到上海有个地方去买有点价值个旧书，贵得异常，像辣 90 年代我见到"上海书店"楼上有一整部一本一本个原版《礼拜六》杂志，扎紧比我人还高，卖一千三百元，现在有个地方买其中一本，辫个价钿还勿止。辫个还像卖旧书哦？

（来源：吴越小猪）

百乐照相馆

作者：黄乐琴
朗读：黄乐琴

老底子,辣辣雁荡路告思南路当中淮海中路浪向,有一个百乐照相馆。箇个照相馆就辣辣阿拉弄堂个对过。伊有个特色,就是专门陈列全国各地电影演员个照片。可能老板也是影迷,熟悉电影市场个走势。箇抢电影火了,演员红了,伊就会展出箇个电影演员个生活照。从小辰光到读中学,阿拉常庄欢喜到百乐兜兜,看看演员照片个卖相、化妆、头势告穿着等,讲讲伊拉个生活趣事,老开心个。

中国电影从 20 世纪 20 年代初创到五六十年代的发展,女性题材占个比例是蛮高个,拍辣也是蛮好看个。百乐最早摆出个是民国过来个演员个照片,伊拉辣辣箇个辰光拍个电影,阿拉是辣辣老后头再看到个,但伊拉个名气侪是老响个。像白杨,伊是阿拉心目当中个女神。据说,伊老会打扮个,有趟文艺界举行舞会,演员们请伊帮忙,白杨一一为伊拉指点,让大家满意而归。等到舞会开始,辣辣花团锦簇当中,一袭黑衣个白杨出场了,箇个是惊艳四座。白杨演个祥林嫂告伊辣辣生活当中个明艳,反差是蛮大个,可见伊塑造人物个功夫。还有位是秦怡,伊辣辣《女篮 5 号》当中演个角色告伊本人个气质是一样个,邪气优雅端庄。伊拉屋里向有个阿姨也辣辣阿拉屋里向做钟点工个,阿姨会得讲讲秦怡生活当中个随和,阿拉听了觉得像弄堂里个婶婶一样个亲切。最最漂亮个是王丹凤了,大家会得拿伊告香港个夏梦联系辣一道,讲伊拉两位是沪港两地个绝代佳人。伊演个鸣凤、护士、理发师,每个角色侪是老讨人欢喜个。上面讲个几位演员侪带有上海都市别致洋气个特色,而从延安等革命根据地来个张瑞芳、田华、于蓝等演员则有着清新质朴个气质,伊拉演个李双双、白毛女、江姐等角色侪是深入人心个。

新一代演员中出挑个是王晓棠,伊先辣辣《神秘个伴侣》中扮演个彝族姑娘,让大家眼睛一亮,后来又辣辣《英雄虎胆》中演个女特务,跳了段伦巴,又让观众着迷,交关人看了好几遍电影,就是冲着㧎段伦巴去个。阿拉还欣赏辣辣《柳堡个故事》《战火中个青春》当中担任主角个陶玉玲告王苏娅,伊拉娇羞英姿个样子,会得让阿拉想起古代个花木兰个。㧎个辰光还有位老红个演员叫尤嘉,伊长相纯净甜美,辣辣《枯木逢春》《蚕花姑娘》当中分别扮演生血吸虫病个苦妹子告勿安心农业生产,一心想做演员个中学生,角色把握得蛮准确个。电影当中插曲《蚕花姑娘心向党》交关人侪会哼个。百乐橱窗摆了伊好几张头像,从不同角度拍的。阿拉一面欣赏,一面讲伊勿会得上舞台,出场个辰光要一边踏步一边喊"一、二、一"个。后来再晓得㧎个传说是勿对个,尤嘉从小就参加话剧表演,伊还是位体操运动员,辣辣《大李、小李和老李》当中演一个售货员,教大李伊拉做广播操,伊做一个动作,甩一记长辫子,大家也照样子做,老滑稽个。㧎个辰光《红色娘子军》也是蛮火个,听说谢晋到青年话剧团去挑演员,正好碰到祝希娟告人家辣辣争论啥个事体,蛮有气势个,马上拿伊选中了。伊个照片辣辣百乐摆出个辰光,印象中眼睛特别大特别有神。电影放映个辰光,伊辣辣上海艺术剧场演莎士比亚个戏剧,阿拉呒没钞票去看,只好辣辣陕西南路淮海中路个文化画廊看看伊拉个剧照过过念头。后来,我看过萨特个《肮脏的手》,台浪向侪是男演员,老闷个,等到祝希娟演个女主角出场了,舞台浪向马上活起来,亮起来了。我到现在也老后悔个,㧎辰光为啥呒没问爷娘讨钞票去看一出莎剧。还有,北京电影制片厂《青春之歌》播出后,阿拉看到演员谢芳为大家奉献了一个别具一格个北平姑娘个形象,清秀大气,让大家耳目一新,伊个照片辣辣百乐放得也是蛮大个。㧎辰光还有一个影响比较大个是《年青一代》,电影里向个林岚辣辣天井里摆上种个蔬菜,看得大家老眼痒个;伊坐辣火车到新疆去,作激情澎湃个告别词时,阿拉个心也跟牢伊飞走了。后来我碰到扮演者曹雷,搭伊讲:"曹雷老师,阿拉当时看了黄宗英个报告文学告㑚个电影,激动得连续填了三个志愿要报名去新疆呀!"曹雷老师讲:"啊呀,㑚个辰光大家侪是有单纯个理想主义个。"百乐还摆出过两位少数民族个演员,就是分别出演《阿诗玛》《五朵金花》告《刘三姐》个杨丽坤、黄婉秋。杨丽坤个面孔长得邪气精致,伊个照片辣辣橱窗里也是放辣好几张。

  百乐勿光展示过交关电影演员个照片,也摆过电影越剧演员个照片。《红楼梦》上映个辰光,影片当中个主角侪摆出来个。扮演贾政个徐天红,弄堂里个姆妈侪老欢喜伊个,讲伊个卖相辣辣㑚些演员中是最漂亮个。还有扮演贾母个周宝奎,扮演宝玉个徐玉兰,扮演黛玉个王文娟。我熟悉一个从中原来个男青年,㑚辰光人家帮伊介绍了勿少朋友,侪呒没成功。后来伊突然过世了,阿拉辣辣伊个抽屉里看到了勿少王文娟年轻辰光个生活照,侪晓得伊个偶像是㑚位艺术家,可想而知,《红楼梦》辣辣全国是影响是老大个。橱窗里还摆辣凤姐个扮演者金采风,宝钗个扮演者吕瑞英,紫鹃个扮演者孟莉英。有同学讲起,有一天市长碰到了孟莉英,问伊:"孟莉英啊,侬那能有眼胖了?再胖下去勿好演丫头了呀!"随着电影个热播,上海越剧院实验剧团也辣辣上海艺术剧场演出了《红楼梦》,主演金美芳、姜佩东、曹银娣个照片也辣百乐陈列了。阿拉㑚辰光也呒没条件到剧场去看伊拉演出,就等辣剧场门口,想看看伊拉个本人,但是呒没等到,老瘟塞个。正好阿拉姆妈单位里有电视机,一天伊告诉阿拉夜里向有实况转播,邻居道里马上赶过去看了,总算过了过念头。电影《红楼梦》是一票难求啊,阿拉常庄去淮海电影院买票子,就是买勿到。有一天好容易看到有了,但一看是加座,觉得坐了勿适意,就放弃了,想再等等看哦,呒没想到,过两天㑚部电影就撤架了,㑚能介一等就等了十年,百乐摆演员照片个传统也断脱了。阿拉看看照片,回忆回忆电影个情节,讲讲道听途说桥段个消闲生活也过去了。

回忆学生时代南京西路个文化信息

作者:周润年
改编:钱乃荣
朗读:周润年

离开上海47年了,回想起来顶欢喜个还是伊歇辰光个南京西路。因为伊离开我读书个七一中学老近个,离屋里也勿远。当时读书比较轻松,放学以后常常搭几个同学一道去荡马路。去个无非是电影院、书店、文具店、美术馆、邮局搿点地方,也蛮喜欢路浪向个两爿面对面个照相馆,自家呒没进去拍过,橱窗里摆辣海个人像照片到现在回想起来还是高水平。

电影院主要是新华、美琪、平安搿个三家,因为大光明脱红都(今百乐门)离我远了眼,去得勿多。新华电影院进门有个厅勿算大,当年评出来个22个大明星照片就是先辣搿搭看到个。美琪其实是辣江宁路浪个,距南京西路一步之遥,派头大,底楼大厅宽敞,看电影要沿了漂亮个胡梯走到二层楼,票价勿哪能贵个。伊常庄日里放电影、夜场演戏,记得橱窗里贴过沪剧《甲午海战》《星星之火》咾啥交关剧照。平安地段好,票价顶便宜,中学生顶欢喜。搿个辰光看个电影主要有两类,一类是革命传统教育,像《青春之歌》《野火春风斗古城》咾啥。记得看好《青春之歌》我辣夜幕中沿了陕西北路一路小跑回到屋里向,浑身热血沸腾,真想回到伊个年代跟卢嘉川去贴标语、撒传单。看完《野火春风斗古城》,几乎全班女同学侪变成王心刚个粉丝。还有一类是前苏联电影,特别是根据名著改编个电影,像《静静的顿河》《苦难的历程》《复活》《白痴》《黑桃皇后》《上尉的女儿》《牛虻》……一大串。看了电影还勿过瘾,还要到图书馆去借书来读,写书摘,抄作者生平,好书看了勿少。当时阿拉学个是俄语,我有勿少苏联小朋友,通通信,互相送送明星片,俄语学得还可以个,前苏联明星照片我有交关。现在回想起来睁三只电影院倒是我个文科第二课堂。

还有就是现在个中信泰富对面安乐坊旁边个一家文具店脱一家邮局,可惜睁家文具店个名字我忘记脱了,勿晓得去了几化趟数,买笔记簿,买贺卡。我个第一本书摘簿就是辣睁家文具店买个,抄个物事也分成两大类,从一头翻过去是世界名著摘抄,普希金个诗顶多,莱蒙托夫、涅克拉索夫、谢甫琴柯、海涅、契科夫……侪有勿少;从另外一头翻过来就是红色经典:歌剧《红梅赞》歌词选、音乐舞蹈史诗《东方红》朗诵词、京剧《红灯记》唱词选辑、昆剧《琼花》唱词选辑,还有《青春之歌》咾啥小说个摘抄,到现在还常常翻翻,算是我个第一本文科校外作业本。

沿了原新华电影院一直朝东走,辣快到成都路个地方,是原来上海美术馆个位置,伊个旁边还有一个小小个集邮门市部。我对睁两个地方怀有老深个感情,伊拉某种程度浪是我艺术爱好个启蒙之地。中学时代个我参观了勿下十次美展,印象比较深个有颜文梁油画展、沈柔坚作品展、陶瓷艺术展、美院学生毕业作品展、建国十五周年宣传画展咾啥,开阔眼界,洗涤心灵,使我终身保持辣海欣赏美术作品的习惯脱仔爱好。我初中时代就开始集邮了,用有限个零用钿辣辣美术馆旁边睁个小小个集邮门市部里买过好几套国内外盖销票,完好个保存到了今朝。

现在太古汇个位置浪,过去有一家邪气大个新华书店,脱斜对面德义大楼下面个宋庆龄少儿书店遥相呼应。记得读小学五六年级脱仔初中个辰光,正逢全国红领巾读书运动,经常到睁搭来看看又出了啥个新书,乃末到图书馆或者同学搭去借,《红旗谱》《红岩》《烈火金刚》《三家巷》交关大部头小说侪是一出版就想办法先睹为快。

我中学生时代的南京西路当然是一条商业大街,不过文化气息真个蛮浓个,有辰光礼拜天或者夜里相搭爸爸姆妈坐20路电车去人民公园、长江剧场看花展看话剧咾啥,人民公园外头一圈科普画廊总归有交关人辣海看,我也会轧辣人堆里看。我也曾经被长江剧场旁边工艺品商店里向个各种工艺品迷得一塌糊涂,就此养成了每到一个地方旅游必定买一点小工艺品个习惯。

还有跟了大人去美琪旁边个静安书场听评弹,看伊拉在旧书店淘旧书、市少年宫个晚会、区少年宫个话剧队、中苏友好大厦(现上海展览馆)个各种展览、静安寺个庙会……讲也讲勿完。

南京西路,箇条中国著名个商业大街正辣日新月异个变化,跟了历史洪流告商业大潮滚滚向前,一定会永远年轻时髦、富丽堂皇、貌美如花。而我,一个上世纪60年代个中学生也会永远怀念伊拨过我个文化方面特别是文学艺术类个滋养,而且永远感谢伊!

(来源:学上海话)

向明中学个古诗词吟诵

作者、朗读：王胜中

我从1956年进入向明中学初一，直到1962年高三毕业，辣向明中学整整度过了六个年头。迭个六年，尤其是初中阶段，人还小，刚刚有点懂，值得回忆个事体就特别多。譬如我个汉语老师石爱鹤，勿但教我汉语知识，还对阿拉做作业、写字做规矩。进了中学，就想写潦草字了，但是又勿懂，就瞎写。石老师就纠正我，教我成功个"成"字，行书应该哪能写，勿好自家瞎发明个。迭个我一辈子也勿会忘记脱个。向明轶事蛮多，但最让我开眼界、最希望能够发扬传承个，是向明中学个古诗词吟诵。今朝主要分享自己经历个古诗词吟诵教育。

古诗词个诵唱，现在也是一个热门话题。电视里也有古诗词个朗诵、吟诵，但是总觉着脱我辣向明中学听到个学到个勿一样。

1956年，我刚进初一，我小阿哥也辫年考进向明高中。伊拉辫个辰光教室辣向明中学七间头，现在已经拆脱了。由于当时是两部制上课，阿拉初中课少，我呒没课个辰光，就到小阿哥个教室外头听伊拉上课。所以伊拉个先生、同学蛮多侪认得我。后来有个先生，等我高中辰光，又来教我了，就特别亲切。辫个辰光，语文课是分成文学脱仔汉语两门课个。我最喜欢听小阿哥个文学课了。伊拉先生姓陆，好像叫陆兴国。陆先生教古文，有《孔雀东南飞》《秦罗敷》等。最精彩个是陆先生对古诗词侪是"唱"个。而我立辣外头听壁脚，听了也记辣脑子里了。我觉着陆先生唱得真好，真叫朗朗上口，好学好记。从1956年到现在，六十多年了，我还能记得几首。其中，古乐府《十五从军征》，我基本浪侪能会得诵唱；诗经《关雎》，也能唱；杜甫的《兵车行》我觉得最激昂好听,可惜忒长了,我只能记得几句。下面我就学了吟唱介绍迭个几首古诗。

古乐府民歌《十五从军征》。迭首民歌,通过对一个老兵遭遇个具体描写,揭示了汉代兵役制度个黑暗,脱仔统治阶级个穷兵黩武。

辫首民歌共十六句,分四个部分,第一部分六句,是讲:一个人,十五岁就去当兵打仗了,到八十岁再回来。路浪碰到自己乡下头个人,问老乡,我屋里还有啥人?同乡人回头伊:侬往远处看,伊面长满松柏,坟墓成堆个地方,就是侬个屋里。辫段就是:"十五从军征,八十始得归。道逢乡里人:'家中有阿谁?''遥望是君家,松柏冢累累。'"

第二部分四句,是讲老人回到自己老屋。看到个是兔子从狗洞里进出,野鸡辣屋樑浪飞。庭院里侪长了野谷子,井浪向也长了野葵菜,一片荒凉个景象。即:"兔从狗窦入,雉从樑上飞。中庭生旅谷,井上生旅葵。"

第三部分四句是讲:老人伊拿野谷子舂成米煮饭,采了野个葵菜烧羹汤。但是等到饭、汤侪烧好,一看,勿晓得还有啥人吃。已经呒没人陪伊来吃了。去打仗个人回来了,呒没去打仗个人倒侪呒没了。迭个四句是:"舂谷持作饭,采葵持作羹。羹饭一时熟,不知贻阿谁。"

第四部分最后两句,是高潮。讲迭个辰光,老人悲从中来。跑到门外头,眼瞪瞪个往东看,眼泪潸潸滴。即:"出门东向望,泪落沾我衣。"

现在我模仿陆先生读一遍全诗。古乐府《十五从军征》:"十五从军征,八十始得归。道逢乡里人:'家中有阿谁?''遥望是君家,松柏冢累累。'兔从狗窦入,雉从梁上飞。中庭生旅谷,井上生旅葵。舂谷持作饭,采葵持作羹。羹饭一时熟,不知贻阿谁。出门东向望,泪落沾我衣。"

还有一首诗经《关雎》,我能记得一部分。据讲,对《诗经》个理解,因人因时因环境个不同而不同。读《诗经》重在读,贵在读,趣在读。因此,我下面直接学着唱读了。

《诗经》国风周南《关雎》:"关关雎鸠,在河之洲。窈窕淑女,君子好逑。参差荇菜,左右流之。窈窕淑女,寤寐求之。求之不得,寤寐思服。悠哉悠哉,辗转反侧。参差荇菜,左右采之。窈窕淑女,琴瑟友之。参差荇菜,左右芼之。窈窕淑女,钟鼓乐之。"

"关雎"诵唱好了。据说讲,搿首《关雎》是描写妙龄少女怀春,翩翩少年钟情,真挚动人个情歌,是古代人婚礼上唱个诗歌。我就想,现在个婚礼进行曲侪是外国个,假使有人拿搿能优美个"千古绝唱"谱成中国个婚礼歌曲,有几化好啊!

还有一首,我比较喜欢个《兵车行》,是杜甫乐府新题。可惜我只会几句。因为觉得好听,就唱迭个几句。《兵车行》:"车辚辚,马萧萧,行人弓箭各在腰。耶娘妻子走相送,尘埃不见咸阳桥。牵衣顿足拦道哭,哭声直上干云霄。"下面还有交关,我勿会唱了。真想能按迭个曲调,拿整篇《兵车行》谱完。希望更专业个先生能来做迭个工作。

古诗词个吟唱,其实以前一直有个。我拿搿个点古诗唱拨我大姐夫听个辰光,伊老先生比我大一折,八十六岁了,就吟唱了两首,伊求学辰光学个古诗,我也放出来听一听。唐代张继个《枫桥夜泊》:"月落乌啼霜满天,江枫渔火对愁眠。姑苏城外寒山寺,夜半钟声到客船。"另外一首是李白个《下江陵》:"朝辞白帝彩云间,千里江陵一日还。两岸猿声啼不住,轻舟已过万重山。"苏韵味道邪气足,蛮好听个。

可见古诗吟唱,易学易记,是一个优良个传统,是文化遗产。现在学校里能教唱个少之又少。听过陆先生个课个学长,会诵唱个老先生也越来越少。真心希望迭个传统能传承下去,我真心希望向明中学能辣迭方面还能继承陆先生个传承,发扬下去。

对于古诗词个诵唱,我是听隔壁戏听来个。现在看来,除了自己应上个课外,再能有机会自主"选修"一点感兴趣个课,哪怕是听隔壁戏,也是好个。学着个物事反而勿会忘记,说勿定比坐辣课堂里个学生还记得要牢。迭个是勿是可以拨学校有点启发。

老上海个赏梅胜地

作者：朱少伟
改编：杨张悦
朗读：高佩明

  辫段辰光啊，去各个地方探访梅花个市民啊交关多。其实，初春赏梅个风俗由来已久，外加上海老早辰光啊有过蛮多个赏梅胜地。
  明朝中期，文人墨客辣辣农历二、三月，侪会得去上海城外个南溪草堂。南溪草堂是上海早期个私家花园，由天顺年间中举个顾英（伊辣辣外地啊做过知府）致仕以后修建，伊靠近肇嘉浜（也就是现在个肇嘉浜路），里向头梅树成林，风光宜人。到仔万历年间，王穉登个《南溪草堂记》当中讲："草堂半圮。九锡（按：顾英个玄孙顾九锡）鬻青浦田若干亩，鸠工尼材，复还旧观。"清朝初期，由于顾氏家族个败落，南溪草堂逐渐个荒废；但是近代秦荣光个《上海县竹枝词》仍旧讲："至今子姓还居此，桥影人声对夕阳。"1937年"八一三"事变当中，日军狂轰滥炸，使得南溪草堂旧迹难辨。据调查，黄浦区打浦路、瞿溪路、鲁班路一带本来俗称"草堂"，南溪草堂遗址就辣辣此地。
  明朝后期，上海个"梅花源"名声啊邪气大。"梅花源"是广种梅花个大型私家花园，由嘉靖年间进士王圻（伊辣辣京城啊做过御史）退隐之后营造，伊穿越吴淞江，因为梅林连片、品种交关多，所以大家侪叫做"小邓尉"。梅花怒放个辰光啊，四面游客侪划仔船来赏梅花。清朝末年王韬个《瀛壖杂志》赞叹："花时晴雪千村，暗香十里，游者谓不减苏台邓尉。"对于"梅花源"，《上海县志》记载："辣辣诸翟。明朝个王圻退官回到故里之后修筑了迭个房子，并植梅几千株，引水环绕,花开香闻数里。"《嘉定县志》记载:"王圻辞官回到故里之后,朝廷赐建十进九院府第。王圻辣辣村里向植梅万株,称之谓'梅花源',自号'梅源居士'。"闵行区华漕镇境内个诸翟,民间还流传着王圻爱梅花个故事,并认为本来俗称"墙里"个杨家巷庄家泾一带就是"梅花源"遗址;嘉定区江桥镇,勿少老人还讲得出王圻"以梅为友"个传说,外加记得镇西一带有"大宅里"村名,此地啊就是"梅花源"个遗址。原来,辣辣历史浪向诸翟搭江桥侪曾经归属于上海县,一直隔吴淞江而相望,所以"梅花源"遗址就横跨两地。

辣辣浦东,同样出现过以梅著称个地方。明朝隆庆年间,北一灶港有倪邦彦兴建个私家花园,被称为是倪家园,也叫做"北坨",里向头种植几百棵梅树,绽蕾个辰光啊"弥望如雪""暗香浮动",总是吸引大批游客"争相观睹"。清朝前期,沈庄西面有诗人朱凤州个宅院——梅园,四周"梅树成林";每逢寒梅绽蕾,梅园里向香气袭人,文朋诗友熙熙攘攘,难怪倪绳中个《南汇县竹枝词》当中讲:"沈庄西去是梅园,中有高人扫俗喧。万树花开香雪海,良朋唱和会心轩。"清朝中后期,沈庄一带农家小院种植个梅树"蔚为壮观",迭个当中个优良品种除脱花朵沁人心脾,结个果实也别具风味,像王韬个《瀛壖杂志》当中讲,"浦东沈庄之萧氏废园有奇种,花开香艳异常";毛祥麟个《墨余录》赞叹"结子大逾常梅,其色淡如水翠。着物即碎,味殊鲜洁,入口立化,名曰'萧梅'。所产勿多,甚为珍贵"。所以,现在被沿用下来个"梅园"地名啊仍旧会得引发大家个追忆。

另外,辣辣上海西门外(也就是现在个大林路一带),清朝乾隆年间有士绅史槐个"小梅源",也叫做小梅园,里向头种植梅树几十棵;伊个规模虽然勿大,但属于是最方便个赏梅去处。

随着岁月个变迁,上海勿少旧园搭老梅侪吭没留下痕迹。但是,上海植物园、世纪公园、淀山湖梅园、奉贤海湾国家森林公园咾啥新个赏梅个佳境已经吸引了交关个新老游客,成为初春个一道美丽个风景。

上海个一弯眉峰

作者：张烨
改编、朗读：丁迪蒙

爱佘山？是个呀！
邪气邪气个爱
辣个是故乡个山呀
辣辣古代个文人画里向
侬出落得倾国倾城
是一首磅礴个宇宙大诗
为侬一次次个举杯
讲勿尽个佘山

侬开心个笑，
英俊个剑眉朝上扬了扬
引导我去看一眼人：
黄公望、董其昌、倪瓒、徐霞客……
一霎那之间，只觉着是光芒万丈啊！

可以走进大师笔墨里个山
一定是有仙气个
静静叫个听诗、书、画
文字所表现出来个灵魂之声
一个年代、一个年代个听过来
哪能可能勿听得动容

眼泪水流下来？
拿战火、动荡、残酷、
鲜血搭仔眼泪水
提炼成了宁静个小鸟个鸣叫
大隐之竹，幽谷之兰
拨诗情浸染个山一定是座灵山呀！

教堂传出来个钟声永远是悲悯个
得大家带来了抚慰与仁爱
又拿悲伤搭苦难带走
辣钟声里向，
辰光是勿存在个

天文台呢？
伊使得一座山
显得邪气个神秘
夜里向，当天空浪向放飞出
一万颗星星
伊拉像蜜蜂一样嗡嗡个拥过来
白银辣辣起舞
山顶亮得来像是白昼
侬屏牢呼吸，邪气个惊异
上帝就立辣云海之间
伊，辣为侬加冕呀

(来源：吴越小猪)

第二编

叫我如何不想他

摇摇摇,摇到外婆桥

作者:程乃珊
改编、朗读:许烨

"摇摇摇,摇到外婆桥,外婆叫我好宝宝。糕一包,糖一包,囡囡吃得哈哈笑。"

辫首古老个童谣已算勿清为几代儿童所熟悉了。每当吟诵伊,总会得回忆起自家个小辰光个世界。伊个世界里,就像歌谣所唱出个,是一个充满爱心个世界。

外婆家离我屋里四分钿车钱个路程,但是每逢辫个辰光,外祖父总是亲自来接,再带上一大包替换衣裳,叫上一辆三轮车,爸爸姆妈拿我送到弄堂口,讲:"乖点噢,听言话噢!"老像出远门个样子。

外婆家辫条弄堂建于1930年,伊拉个大门口一块白底瓷砖地浪向,用蓝色个小瓷块嵌出了1930年个字样。整条弄堂十分宽敞,有下水道告仔煤卫设备,但是外观浪向,却保持了上海个建筑特色、石库门格局。弄堂口有一只皮匠摊,勿论刮风落雨,老皮匠总是辣辣伊自家个位置浪。我从小到大个棉鞋单鞋,侪经过伊个手。

"喔唷,来啦!"伊抬起眼睛看看我,算是脱我打过招呼了,又埋头做伊个生活了。全弄堂个人侪认得伊,反过来伊也认得大家个。

弄堂笃底是三幢中西合璧式个洋房,门前呢,另外有三个小院子,各自侪安着三扇铁门,但是铁门难得有关闭个辰光。外婆家就辣辣当中个辫扇,门浪向上攀了一棵紫藤花,一进弄堂就望得着个,袅袅娜娜,仪态万方,老有一种清幽静谧个情趣。后来我自家有了囡儿,有一趟为人家,就像鲁迅笔下个鲁镇个风俗,每逢夏天,出嫁个囡儿总要带着小囡回娘家歇夏,是享受着最上宾个待遇,因此辣辣绍兴,向来有"外孙皇帝"之称。吭没办法姆妈要上班,阿哥呢,到一定岁数呢,就以男子汉自居,认为上外婆家是纯粹个小人个举动,乃末,只好由我来完成辩一个乡俗。

外婆家离我屋里只要读到一只谜语:"外婆门前一只碗,落雨落勿满。"我就会想到伊棵攀辣辣门浪向个紫藤花。

一幢三层楼,也住辣海四五家人家。但是记忆中伊个辰光个邻居,好像勿曾因为水费啊、电费啊,脱仔公用部位而恶言相撞以至大打出手。当时还吭没"先破后立"辩个说法,因此一些古朴个民规民风,还是十分有权威个。

外婆家辣辣底楼,窗浪向个铁栅榔,还是据说"形势一片大好"个"文革"期间,为了谨慎安全而装起来个。辣辣以前个几十年以来,一人高一点个窗户经常大开,连一根针也吭没落脱过。外婆家个门户,也是从早敞开到夜,门外头就是人来人往个过道,邻居们出出进进,总归停辣门口告伊拉聊上几句,或者顺便辣辣敞开个门浪敲几记:"潘家嫂嫂,我买肥皂去,你要带点啥个物事啊?"

因此,常常一家个客人,就是大家个客人。每逢我去歇夏,邻居侪会下来看我。"喔唷,外孙小姐来啦。"老年人总归欢喜讲老法个言话,但是伊拉个"小姐",不过是"姑娘"个意思,决吭没半点个嘲讽或者资产阶级个意识。

就辩能样子,当天个饭桌浪向,总会有一碗糯米蒸藕,或者荷叶蒸肉,或者嫩个珍珠米。辩个侪是一些好婆啊、姆妈啊特地送我吃个。外婆家也有我一批小朋友,老早辣辣暑假刚刚开始个辰光,伊拉就会勿断个问外婆:"倻屋里向个乃珊啥辰光来啊?"

外公外婆两家头住辣南北两间,朝南个一间做客厅,朝北个是卧室。外公老早就退休了,其实,伊受过极好个教育,伊个中英文功底侪是第一流个。伊也曾经做过一番事业,并且长得一表人才。我外婆呢,却长相平平,是旧式妇女、文盲。但是两家头呢却情意笃深,共同生活了将近五十年。直到外祖父去世,留拨阿拉一本自传,我才晓得,伊也有过几次痛苦个感情冲击。伊个一次是辣抗战期间,伊一家头辣辣重庆，正当倜傥盛年之际，一位留法个女同事，对伊呢老钟情个，外公对伊呢也很动心。外祖父最后还是作出了多少令伊有些遗憾个选择。抗战胜利了，外祖父回到阔别八年个上海，当伊从飞机浪下来个辰光，一眼就看见等辣机场浪个外婆，还有我姆妈，还有伊从来也呒没见过面个外孙，也就是我哥哥。而屋里向，还靠着门有等着外公个白发苍苍的个我个太外公。搿个一直辣辣心里向个遗憾终于呒没了。他辣自传中写："离家八年，虽不属衣锦荣归，却也是坦荡无愧……"

人的记忆，天生是一卷勿会曝光、勿会褪色、勿会遗失个胶卷。

辣辣我印象当中，外祖父却是个做事体一丝勿苟、为人中规中矩、学识广博个长者。伊空有天才呒没地方用，只能够自家拿几本英文原版书由英文呢翻到中文，再由中文末翻回到英文，搿能样子个反反复复。伊假使政审及格个言话，一定是个极好个管理档案个人才，屋里向来往个信件，老母鸡生个蛋，一直到厨房里向个揩布，伊侪一一个归档、编号，井井有条。伊个书告仔旧个照相本，更加勿要讲了。常庄还呒没走到伊房门口，就听见劈劈啪啪个算盘声，铿锵入耳，清脆动听，伊个是伊辣辣算芝麻绿豆个小菜账。但是伊严肃认真个神情，不亚于一些银行柜台浪向出入万金个出纳员。因此，外公虽然勿上班，但是伊是老忙个，天天大清老早就端坐辣伊个书桌面前，书桌浪向胶水啊、裁纸刀啊、吸墨纸啊、印鉴啊，整整齐齐，搿个气势就像是大经理个办公桌，伊就整天伏辣辣书桌浪向。

偶尔，伊也告一两个知心老邻居，辣辣客厅里向聊聊，内容呢也勿外乎回忆一下八年离乱个艰难，早已经绝迹了个股票生意经验得失，或者几个海上闻人个逸事趣闻。其中一位邻里个公公，是一二十年代个圣约翰毕业生，因为是苏州人，聊起来娓娓动听，就像讲大书一样个生动，我是百听勿厌。勿幸，搿一位公公呢因为年纪老了耳朵呢听勿出了，拿"万寿无疆"呢错听成为"咸豆腐浆"，就搿能样子呢，酿成了大祸，戴上了"现行反革命"个帽子，终于含冤而死。

几十年来，外公外婆按各人个品味生活，啥人也勿想去改变啥人。

外婆个生活,是另外一种样子。每天上半日,是伊最忙碌个辰光,尽管有一个跟了多年个保姆,但是伊总是亲自下厨,因为伊晓得外公个口味。客厅里向外公高谈阔论个辰光,厨房个后门口,也是一个热闹个社交场所。几位阿婆、姆妈们辣辣后门口天井个地方,一面吹凉风一面拣菜,免不了也会犯犯女人家个小毛病;论东家道西家,但是决勿从政治浪向或者名誉浪向伤人,不过末讲讲某某人家,譬如讲最近呢夫妻两家头呢勿大和睦;或者某某人家某某人,好像生了啥个怪毛病;某某人家从前末,辩能样子个阔气,现在呢也钞票勿够用了,等等。无论是客厅个谈话,还是厨房个谈话,我侪老感兴趣个,常常有得两头调勿开个矛盾。我随便哪能也想勿到,辩些听来个"闲话"有一日竟成为我踏上文学之路个扶杖。

外婆屋里个菜,是外头绝对吃勿到个。绍兴人特别欢喜吃"霉腌货",我最欢喜吃外婆腌个"苋菜梗",拿伊蒸一歇,再浇上一层熟油,辣辣炎炎个夏天,是最好个佐餐之食。可惜我告仔姆妈,侪呒没继承下来辩份手艺。

外婆并勿漂亮,但是呢邪气幽默,自然有伊个魅力。一次外公又开始说老话了,讲从前头乡下穿棉纱洋袜是十分稀奇个。埃个辰光伊好容易有了一双,一直囥到做新郎官个辰光才舍得拿出来穿。外婆就辣辣旁边嘲笑伊:"是啊,怪勿得拜堂个辩一天,我听人家悄悄个辣辣讲,新官人袜子浪有只洞。大概是囥得忒好了,让老虫咬坏脱哚!"讲得我告外公开怀大笑。

年过七十个外婆,按旧个习惯,叫来女裁缝,开始做自家个寿衣了。辣辣量尺寸个辰光,伊老豁达个对女裁缝讲:"袖子勿要做得老长噢,葛末我现在也好穿穿,将来也好穿穿。"老早仔旧个风俗,寿衣个袖子呢,侪要遮牢手掌个。可怜个外婆后来去世个辰光,辣辣抄得一片凌乱个房间里,连一双像样个鞋子都呒没,就穿着一套睏衣睏裤动身了!

虽然是旧式女子,但是外公出去应酬,也总是带了伊。一次上了飞机，才晓得靠了外婆坐个，是一位国民党政府高级官员个太太，外公呢勿禁为外婆呢捏了一把汗，正辣辣张罗着替伊换一个座位，啥人晓得外婆却老大方个讲："有啥啦，伊不过嫁个男人官做得大一点。我总归以礼待伊，伊要神气活现，葛就是伊个勿对了，对我是呒没啥损失个。"结果一路浪，一位洋太太，一位土太太，倒也谈得热热闹闹。事后外公就问伊，哪能有介许多言话好谈啦？外婆呢，就嫌比伊大惊小怪："侪是女人嘛，啥个勿好谈？小人读书啦，油盐柴米啦……"

夜深了，打着呵欠回到房间里，外婆呢，老早就拿蚊香点好了，枕席浪向，毛巾被浪，侪被熏上了一层淡淡个沁香。黑暗当中辩个红红个一粒火光，静静个亮着，一缕一缕个轻烟，悠悠个辣辣夜色当中化成了千姿百态，简直令人想起安徒生笔下个故事。小小个我，心中总是十分满足个；辩个世界有介好！有介许多爱我个人！

秀珍阿姨，是跟了外公外婆多年个保姆。反正从我有记忆开始，伊就已经辣辣埃面帮佣了。年轻个辰光秀珍阿姨十分漂亮，外婆老欢喜伊个。逢着旧历新年，秀珍阿姨织锦缎个棉袄一穿，白饭单一扎，啥人也想勿到伊是保姆。伊手面也老大个，欢喜看绍兴戏，经常请我告外婆告伊一道去看绍兴戏。虽然外婆家只有两位老人，生活也比较轻，十分舒服省力，但是伊是个有远见个能干个女人，终于有一天，伊老勿舍得个提出，要进生产组了，情愿从十八元艺徒工做起。外婆虽然舍勿得伊，但是想想伊还年轻，自家告外公年纪一点点老下去了，将来秀珍阿姨一生呒没劳保，葛勿是反而害了伊了吗？葛末就一口答应了。秀珍阿姨进了街道厂，现在呢已经退休享受劳保了。离开外婆家以后，她经常像回娘家一样个去看望外公外婆。现在，又经常告伊个丈夫来看我姆妈，相帮姆妈做眼小事体。

勿晓得是年纪小勿晓得事体，还是事实确实辩能样子，我只感到辣辣小辰光个世界特别美，人侪特别善良，虽然身居第一闹市上海，却也是自有一种古朴清纯个民风。

慢慢叫邻里有了很大个变迁，新搬进来个，或者自装腰门，或者呢自成一体,告其他人侪勿搭界了,也开始有人为壹角贰角个水费呢骂街了。而邻居们个谈话呢,也慢慢叫只限于"今朝天气哈哈哈哈"。

1965年8月,是外公外婆最开心个日脚。我生平第一次领了工资。辣个一年,我分配到一所中学教英文,买了外婆欢喜吃个酱汁猪肉脯告外公欢喜吃个苏州牛皮糖,孝敬伊拉。伊拉自家从来勿看见吃个,拿辣些物事呢,囥辣罐头里,一碰着客人来,就拿出来请伊拉吃,借此可以发挥了:"尝尝,尝尝味道,我外孙小姐送个。"

"喔唷,㑚已经享到外孙小姐福了啊?好福气好福气啊!"客人侪羡慕个讲。两位老人笑得老甜个。

一年多以后,一世为人豁达个外婆,死辣辣第一趟抄家。悲愤之极,伊拿珠宝一一个冲到抽水马桶里,被"小将们"发现后,受尽羞辱,当夜就发心脏病去世了。使我略为感到安慰个是,伊总算享受到我个第一次个工资。

外公悲痛勿已,写了一首诗纪念伊。其中最后一句为:"诚知此恨人人有,恩爱夫妻勿到头!"外公后来孤独个多活了十年,总算见到"四人帮"个倒台,但是吭没读到我个小说。

小辰光做作文开勿出头,往往就先冒出一句"辰光像脱了缰个野马",啥人晓得几十年个辰光,确实也就辣能样子过去了。

弄堂口一个老皮匠,几十年来,面对人来人往个街景,好像总是视而勿见,只顾埋首自家个工作。后来,伊背也驼了,眼睛也花了,但是玻璃柜台里陈列出一排排老好个鞋子,却依旧硬扎挺刮。抄家辣个辰光,外婆家被洗劫一空。当"革命小将"满载着战利品威武个离开个辰光,老皮匠驼着背一个箭步上去,辣辣弄堂口搣牢伊拉个车子。

"㑚辣能介勿作兴个噢!眼看天要冷了,两个老人过冬个衣裳总要留件把拨伊拉哦!"

红卫兵被感动了,开恩个从车浪向掼下来一只箱子。老皮匠叫自家个儿子,相帮拿辣只箱子拎到我外婆家门口⋯⋯

现在,老皮匠也作古了。现在也不大有人再自家做鞋子了,伊个摊头已经让一个公用电话亭代替了,信息比啥侪重要嘛!

从前,我一直以为伊既呒没文化,又忙于生计,内心一定是麻木不仁个。其实,伊啥个侪明白,啥个侪看见。伊辣辣我心目中个形象,老像一部苏联电影《海之歌》个片头,一位老人,饱经风霜个面孔毫无表情,但是手指拨过个琴弦,奏出个却是阵阵人世间个沧桑炎凉。

老个一代悄悄个离去了,我也步入中年。勿少当年个红卫兵们,现在呢侪辣大洋彼岸挣洋钿,箇个勿奇怪,人对世界个认识,是需要一个过程个。但是箇些年纪小小就想得出让人跪碎玻璃个恶点子,对着白发苍苍可以做伊祖父祖母个老人打耳光之类,拿人往死里斗,往绝处整个个别人,至少伊拉个内心是见勿得人个。

去年春天访美,终于见到从来呒没见过个舅舅,也就是姆妈唯一个手足。他已经六十开外了,辣辣机场浪猛一见面,恍如就是我孩提时代熟悉个外公个形象,箇个让我想起"生命之树常绿"箇句言话。

舅舅屋里客厅旁边一个房间里,外公外婆辣辣墙壁浪向对我微笑。整整一个墙面,侪挂满了太外祖父母、外祖父母,还有舅舅告妈妈小辰光个合影,老有一点摄影展览会个味道。

"让小囡晓得,伊拉是中国人啊!"舅舅讲。伊两个儿子侪是ABC,也就是美国生、美国长,勿会讲中文个中国人。按照中国个习俗,伊拉应该是我外婆家个龙个传人了!

"摇摇摇,摇到外婆桥",外婆家门口个箇棵紫藤花,依旧年年盛开,但箇个已经是异姓人个屋里了。

每年清明,我仍旧去看望外公外婆。伊拉长眠辣辣苏州灵岩山浪。辣辣伊拉个坟浪向,开满了一簇簇雪一样个白蔷薇,远远望过去,一片纯白,老醒目个。箇个就让我想起,一进弄堂就能看着个箇个一簇紫藤花,箇个是亲爱个外公外婆对我个祝福哦!

从前每逢阴历除夕,外婆家祭祖个习惯一直保持下来,直到"文化革命"。后来因为形势关系,祖宗像是勿挂了,但是香烛总归是点

77

个。辣辣台子四角浪向放上四杯酒。酒过三巡,再上饭,老郑重个。辩个辰光,勿相信鬼神个外公以及"一世勿曾拜过菩萨"为荣个外婆,就开始行大礼,素来宠爱阿拉个两位老人家,辩个辰光绝对勿允许阿拉有半点个吵闹或者勿严肃个举止。小辰光个我,祭祖个全部意义不过是可以吃一顿,同时呢暗地里勿免要笑伊拉个迂腐。现在我明白了,对既呒没宗教信仰也呒没政治信仰个,就像我外祖父外祖母辩个一辈个平民百姓,对上要对得起祖宗,对下要对小辈来做榜样,是伊拉一种十分朴素个人生观。一个人,只有辣辣爱伊具体个长辈、小辈、朋友之后,才可相信伊会得爱抽象个人民告仔社会。反过来,就使人勿会相信。如果每个家庭侪有缅怀自家个先人个良好传统,社会上就勿大会听到老人受小辈欺辱痛勿欲生个惨事了。我总认为,改革开放,要有一个"本",这个"本",就是阿拉中华民族绵绵勿绝个存在辣民间个传统文化。

亲爱个外公外婆,我老幸运个,迎来了宽松活泼个今朝,同时可以写下辩篇献拨㑚个短文,而且为㑚看到了一别竟成永诀个㑚个最欢喜个儿子。就好像历来中国知识分子侪是清廉个,㑚并呒没能为我留下啥个金银财宝,但是㑚留拨我无限个爱,朴素个做人个道理,特别是外公一本自传,伊是我事业浪一个有力个依傍!

多少好啊,辣辣我走着自家个路个辰光,㑚永远辣辣冥冥之中照应着我!

(来源:《解放日报》1987年10月8日)

亲爱个老人们——我个外公

作者：麦小姐
朗读：麦小姐

  辰光过了真是快，我记得旧年差勿多也是天热个辰光，我写过关于我外公外婆个一篇小文章。瓣里向提到个多数是小辰光个事体，好像人长大仔以后，老多物事会得拨一眼一眼盖没脱，等到侬再想回过头来拿瓣点回忆拾起来个辰光，发觉伊拉实际高头已经"缩小"了交关。
  今朝瓣条推送个主要内容是以我旧年写个埃篇文章为底本个，辣瓣个基础高头再作修改帮补充，并用上海言话文本来表达。对我来讲，我就是想通过语音朗读个形式，让阿拉外公外婆有机会用比较特别个方式听我讲一点自家心里个言话。毕竟伊拉年纪侪大了，听肯定要比看更加省力。
  "老嘉定"应该侪晓得个，原来嘉定有一只名气交关响亮个剧团叫"嘉定锡剧团"，我个外公就是里向个资深演员，一度参与过剧团个管理工作，并且还获得了嘉定区首批非物质文化遗产传承人个荣誉。外公唱了大半辈子个戏，可能年纪大一眼个嘉定"老法师"们还记得，锡剧团老早有个扮"孙悟空"个演员身手邪气了得，只跟斗可以从台浪向翻到观众席，再从观众席翻回去，赢得满堂喝彩！瓣只跟斗就是我外公个拿手好戏之一，听我朋友"唐厂长"讲，伊辣辣老小个辰光看过我外公个表演，当场看到呆脱！所以啊，虽然介许多年数过去了，还记忆犹新。遗憾个是，我自家并吥没机会欣赏外公辣辣舞台高头个风采，因为我养出来个辰光，伊已经差勿多六十岁了，以教学生子为主，大家侪叫伊"老冯老师"。阿拉屋里亲眷淘里向"老师"

比较多，除脱外公是"老冯老师"，大姨妈末是"小冯老师"，小娘舅末是"冯老师"，辫能样子叫，就方便区分了。

尽管唔没看过外公登台，但是我小辰光倒是经常看伊练功个。练功用个木头道具，比方"刀枪棍棒"啥啥，还要用各种亮赤赤个彩色绸带仔仔细细绕起来，远看上去，就像"真个"一样了。伊有得好几只动作我到现在都还记得。譬如，拿两只大锤子甩上甩下，落下来个辰光，用一只个锤头接牢另一只个锤头；还有只高难度动作咪，伊可以拿剑头顶牢剑壳个一端拨把剑立起来，手腕用出一记巧力，只看到宝剑辣辣半空划过一道漂亮个弧线，又重新落回到辫只剑壳里向，竟然是一拍胭缝啦！剑柄高头个埃点嘘嘘头还辣盖荡法荡法，辫种神气个样子啊，我是一直也唔没忘记脱。所以呢，辣我个心目当中，外公就是一个"武林高手"！

"老冯老师"年纪轻个辰光卖相交关挺括，中山装，眉清目秀，风度翩翩。可能是因为唱戏个缘故，伊个感情特别丰富，容易落眼泪，开心也落眼泪，光火也落眼泪，不过，辫眼习惯动作阿拉侪晓得，所以并勿会得影响伊个家长威严。外公是老派人，即使日脚过得再清贫，辣辣我个记忆当中伊是从来勿做家务个，里里外外、吃穿用度侪由我外婆来照顾。我小个辰光又娇气又认人，板要外公抱辣盖再肯睏觉，万一碰着伊出去办事体，乃末我有得要哭咪，辫只哭头势噢，基本高头可以从伊出门哭到伊回来，等伊一抱我末，我就服服帖帖了呀。

还有一趟，外公勿晓得哪能拿只鼻头掼伤脱了，有交关人带了水果啥啥来望伊，来来去去香蕉苹果倒是积了勿少。等客人跑脱，外公末，仍旧去隑辣床浪向，我末就坐了伊个床横头，一老一小茄茄山河看看电视，交关有道。歇脱一歇，伊会得喊我自家去拿眼物事吃吃，我也是蛮懂事体个啦，识货脱伊分享，外加噢，我还会得拿香蕉高头埃点黑黜黜个地方帮伊咬脱之后再拨伊吃。辫记动作让伊感动得来勿得了，眼圈也红了，再加上埃只"红鼻头"，我觉着有眼难为情，心里向是又想笑，又勿敢笑啦。

外公外婆老早住辣清河路高头，就是老个嘉定汽车站对过。因为便当,外公经常会得带我去乘环城车,一站一站乘下去,车子颠法颠法,就像只摇篮一样,拿我盍到睏着。一圈兜下来,我末也正好称称心心睏脱了一寤。有辰光兜一圈还勿煞瘾咪,外公宠我,只好陪牢仔我再去兜圈子。乘得一多末,驾驶员脱卖票员侪认得我了。侬瞉看我现在"长歪脱了",小辰光还是交关讨人欢喜个,外加只嘴巴甜,乃末伊拉也蛮欢喜帮我"操白相"个,拨我吃糖咾、饼干咾、云片糕咾啥。现在想想真个是特别欢乐,羇点回忆啊,侪是童年拨我个"礼遇"。

关于小辰光个有劲事体我十多年前头就写过一篇小文章,实际高头写出来个帮我脑子里向个"内存"相比,真个是凤毛麟角啦。譬如讲,电影院外头个碰碰车,清河路小吃店个羌饼,佳露西菜社个高级冷饮,龙江里向买个泡泡糖,幼儿园门口买个橘子棒冰,少年宫里个滑滑梯,还有外公个眼泪帮外婆个好手艺……羇点亨八冷打加起来,使我个童年像个公主一样快乐无忧。现在,老人们更加老了,爷娘个岁数也慢慢点上去了,而我,已经当了妈妈,再也勿是埃个只晓得讨糖吃个瘦瘦小小个"毛丫头"了。好像日脚侪羇能一边等一边过个,等天热放假,有得吃冷面脱冰西瓜;等天冷落雪,有得拿压岁钱帮炮仗烟火。埃点辣路边浪向乘风凉个夏天,蒲扇轻摇,瀴笃笃个篾席高头挂起被岁月盘出来个包浆,也像是一层焦糖,拿我个回忆包裹得又甜又香。

(来源:麦唐作)

亲爱个老人们——我个外婆

作者：麦小姐
朗读：麦小姐

　　上个礼拜六，我帮阿拉娘一道去看了我个外公外婆。外公今年94岁，外婆83岁，两位老人一直自家生活，日常起居由我外婆一手料理，到现在仍旧是井井有条。60多年过下来，对方个脾气习惯早已经变成功自家脾气习惯个一部分，同甘共苦，相濡以沫，真是好！旧年天热个辰光，外婆个小腿骨折过，有好几只号头跑路勿便当。到了天冷，外公个身体也出了点毛病，有得一抢，连得自家屋里向个人都认勿大出了。总算勿碍，两个老个慢慢点好转来了，虽然勿可能恢复到一点头痛脑热都吭没，但相对辣个岁数来讲，也已经是可以了。埃日我去，阿拉外公精神特别好，脑子煞辣清，伊拉牢我，问我最近好勿好，还讲了交关我小辰光个事体。

　　中浪向吃饭，外婆一直朝我碗里搛菜，吃好仔饭，伊还特地拿了两条绒线裤出来拨我看，辣是伊新结个，准备过冬辰光着。伊真是健，勿但买汏烧"一只鼎"，直到现在结绒线都勿需要戴眼镜。突然之间，我发觉阿拉外婆瘦脱了交关，自从好几年前头伊生了糖尿病以后，就一点一点瘦下来了。我从小是外公外婆带大个，因为爷娘是双职工，有老长一段辰光，我蹲辣外婆家多过蹲辣自家屋里向。辣我个印象当中，伊一直是胖笃笃个，人啊勿长勿大，对我从来也勿凶，外加还烧得一手好小菜。外婆是无锡人，一口吴侬软语，听伊讲言话赛过吃糖粥一样，拿平淡个日脚也讲得香甜起来了。

　　每趟睏觉前头，我总归欢喜缠牢伊讲故事拨我听，用辣口糯搭搭个无锡口音，伊帮我讲过各种听得来个或者自家编个小故事。记了最清爽个是《倩女幽魂》，对个，就是埃只《聊斋》里个鬼故事。最噱个是，当中有得一半是伊编出来个，所以阿拉外婆捓只版本个《聂小倩》，帮蒲松龄个原版还有张国荣个电影版，侪勿大一样。不过，埃个辰光我因为年纪小嘛，碰到听捓只故事，妤末要妤个，吓末要吓个，听再多趟数也听勿厌。勿等只故事讲光啊，我帮表弟两家头老早就自动自觉迓到外婆个身边，乖了勿得了，皮也不敢皮，一歇歇末，就瞓着了。

我脱我个表阿弟侪是两个老个带大个，外加伊拉还总归偏心我多一眼。假使有点啥好吃个或者好白相个物事，伊拉侪会得挺下来留拨我。勿光是挺，阿拉外公还会得学变戏法个动作，拿捓点小零食咾、小人书咾，一样一样"变"出来，摆辣我眼门前随便我拣，还陪我白相哄我开心。对我来讲，伊拉也是我个"白相干"，而我呢，就是伊拉个"洋娃娃"。外婆有辰光会得约几个老朋友来屋里向搓麻将，我虽然小，但心想蛮好，总归欢喜搬只小矮凳坐了伊边浪向看，也勿吵也勿闹，一副乖巧个样子。等到一场牌结束，假使阿里一位牌友赢仔钞票，还会得请我"吃红"咪，从一角两角到一块两块侪有，我拿捓点零零碎碎个票子囥了一只挂历纸做成功个小皮夹子里，积少成多，最"豪"个辰光，只皮夹子也关大勿拢了。后来啊，我个捓点"私房铜钿"拨阿拉爷用一张十块头全部调得去了，伊讲是生怕我落脱，帮我"合零为整"，不过现在想想，我好像是有点拨伊"坑"了。

辣我读幼儿园个辰光，有得一抢蛮多跟外婆回无锡"跑亲眷"。埃歇交通还勿像现在介便当，天呒没亮就要拨叫起来，赶头班公交到南翔去乘绿皮火车。特别是碰着冷天色，西北风哗啦啦，马路浪向连大饼油条摊头都呒没开张，阿拉一老一小两家头手挽手，还拎了只小包裹，真是有种披星戴月浪迹天涯个感觉，呼吸之间哈出来个白气拨路灯一照，就像是瞓梦头里个一埲云。有一趟也是去无锡，到仔埃面搭，碰到亲眷勿大客气，外婆就带牢我跑了。到了外头，阿拉先去吃早饭，我脱外婆讲我只肚皮饿煞脱了，硬劲要伊买两碗大馄饨再加一客小笼馒头，外婆一面笑我哪能吃得落介许多物事，一面帮我去买，我大概是饿荒脱了,再三脱伊保证肯定吃光。结果末,就像伊所讲个,我吃到肚皮弹出还是剩了饭碗头。不过,埃碗馄饨个味道,我倒是一直也呒没忘记脱。

讲到吃,阿拉外婆烧个小菜交关有伊自家个特色,就算是最家常个糖醋黄瓜、葱油萝卜丝,伊拌出来个味道也是外头吃勿着个。有一只叫"如意菜"个冷盆,是用菠菜、油条子、黄豆芽帮白煤笋干一道拌个,既清爽又营养,名字也讨着个好口彩。老早每年个年三十夜,阿拉一大家门加起来十几廿个人,侪欢喜聚到外婆屋向里去吃年夜饭,外加辫顿年夜饭板要由伊来掌勺。菜单先开出来,乃末伊再一样一样去采买,十只冷盆,十只热炒,两三样点心,还有一只砂锅,分量扎足,介许多人都吃勿光,估计再开一桌也够了。辣两个老个心目当中,伊拉觉着平常辰光吃了稍为推扳眼勿搭界,但年夜饭个菜势一定要"好",勿但是要"好",还要"多",勿可以"光盆",赛过只盆子一空脱末就显得"坍台"了,只有辫能介多到"潽出潽进",才叫"年年有余",望了开年点大家侪有一个好光景。

而年夜饭高头个"压台表演",肯定是外婆最拿手个"八宝饭"了。辫只"八宝饭"交关"吃功夫",提前几天就要准备起来了。材料末侪要拣好个,糯米、红枣、莲心、蒲桃肉、瓜子肉,红绿丝用来做装饰,就连里向头包个赤豆沙伊也勿是买现成个。关键是猪油辫只物事勿好省,码材料前头,要先辣碗里向揭一眼,再一层一层拨埃眼物事按照顺序码进碗里。因为最后辫只碗是要倒扣转来个,所以八宝饭个"宝"多数侪"沉"辣碗底,然后,外圈是剺滴滴个糯米饭,当中是香喷喷个赤豆沙。辫能一碗一碗先做好备用,要吃个辰光末,上镬去蒸。蒸好以后,拿出来拨辫只碗倒扣辣盆子里,辣上台面之前个最后一步,外婆还要用糖帮猪油爌出来个潽潽滚个糖浆浇了高头,亮晶晶甜味味糯搭搭,再讲下去啊,我只馋痨虫也要爬出来了。

好像每年板要等吃了辫碗八宝饭,我再觉着是真正过了一个团圆个年夜。尽管现在外婆年纪大烧勿动了,阿拉个家庭聚会也从外婆屋里搬到了外头饭店,但让我最最高兴个是辫碗"饭"个味道呒没变,里向包含了长辈们对阿拉个心愿、平安如意、丰足常乐,穿过炮仗喧腾,穿过市井烟火,穿过生活里个高峰低谷,又是一度好春秋。

(来源:麦唐作)

巧手爸爸

作者：吴兆玉
朗读：吴兆玉

我个爸爸是一个企业家，也是一个高级土木工程师，动手能力老强个，呒没拜过师父，但是电工、木工生活侪有一手，屋里向啥个物事坏脱了，只要爸爸辣辣屋里一歇歇就修好了。爸爸老聪明个，善于动脑筋，还能够变废为宝。阿拉屋里向有一间房间，是我个三个阿哥个宝地，哥哥辣辣迭搭装无线电，做化学实验，做飞机模型，所有个工具设备侪是辣爸爸个支持下头买个。小辰光我最欢喜到辩间房间里头去看阿哥伊拉做物事了。爸爸个工具橱里向琳琅满目，木工锯子就有大大小小好几把。有个辰光爸爸辣锯木头，我也会轧辣辣旁边拿了锯子锯几记，爸爸教我哪能介划线，哪能介用巧劲。日脚一长，我拿起锯子刨子做生活也有模有样了，锯个线也直了，刨个木头也光了。我脱爸爸讲，我蛮喜欢做木匠个。我爸爸就笑我，阿里有女木匠个？我讲为啥呒没？爸爸讲，木匠是个力气生活，女小人臂力腰力侪勿够个，侬做勿动个，侬可以做做纸工咾啥个。辣辣爸爸旁边，拨伊当当下手，看看伊哪能凿洞，哪能开槽，哪能拧螺丝钉，蛮开心个。做好一只木盒子，爸爸就拨了我，摆摆铅笔、橡皮、小刀；做好一只圆凳子，漆上红个油漆，老漂亮个，就拨拉姆妈坐辣海汰脚；完成了一只镜框，就脱爸爸一道，拿全家福照片镶进去，挂起来。辩个劳动成果里向，我也出过一点点力，勿要讲多少开心了！我还脱仔爸爸一道做过万花筒，一道去买小个圆玻璃片、长条小镜子，觅各种材料个颜色个碎片……真个是乐趣无穷！爸爸还自家做双筒望远镜，纸头做个，可以伸缩，调焦距，老灵个。爸爸做个照相簿得仔外面买个呒没啥两样,做工老到家个,连得插照片个角,也是一只一只自家做出来个,尺寸大小侪一模一样个。我辣辣爸爸个身边,真个是学到了老多老多个物事,真是一生一世也享用勿光个。

"文革"后期,爸爸拨公司所属个一点化工厂设计厂房脱仔宿舍,任务完成以后,有一点空闲个辰光,伊就老是琢磨着做点啥个物事,既好派用场,又好解恹气,消磨辰光。有一日天,爸爸突然问我,侬白相过七巧板哦?我讲白相过个呀,现在哝没得卖了。爸爸讲,阿拉自家做好哦?爸爸真个是脑袋一拍,又想出一个新物事来了,前头点日脚刚刚做了几只台灯罩,拨屋里向个旧灯罩统统换脱了,还做了几只镶边个茶杯垫子,现在又要做七巧板了。姆妈老是说讲爸爸勿肯歇个,做迭样做伊样,手脚勿停个,花头劲透来,劳碌命。我心里向倒是蛮开心个,又好跟了爸爸学点新物事了。

爸爸从抽屉里拿出一张厚纸板,用尺辣辣上面画出七巧板个图样,正方形个外框,里向分成形状勿一样个七块。爸爸一面画一边面脱我讲,尺寸一定要十分个准确,线要直,角度要一丝勿差,等一歇裁开来个辰光,一定切辣线上头,一眼也勿好歪。爸爸画个虽然是小小个七巧板个图样,但是伊个认真决勿亚于画一张建筑图,每一条线段侪一样粗细,线段个结束侪有一个小小个停顿,线段脱仔线段相交个地方勿留一丝丝缝隙,图画得非常个挺刮。画好了以后,用锋利个刀片一块一块切割开来,每一个角侪是血血尖个,每一条线侪是笔笔直个。爸爸讲,做好一副七巧板是第一步,还要会得动脑筋,拼出各种各样个图案,要拼啥物事像啥物事。接下来个日脚里向,爸爸只要有空就辣辣纸头浪划划点点,我有辰光也辣辣伊旁边一道想一道画。草稿纸用了一大叠,图样也越来越丰富了,上面有七巧板拼个1-0阿拉伯数字,有a-z个英文26个大小写个字母,有人个各种动作形态,有各种各样个动物,有自然界个日月星辰、花草树木……爸爸想到一个物事,就拼一个,拼出一个图样,就画一个,有个辰光同一样物事有勿同个拼法,爸爸就侪留辣海。我讲有一个就可以了,爸爸就讲,一个问题可以有多种解决个方法,侪应该考虑个。

图样个草稿已经有一百多个了,要定稿了。一张一张画,忒费事体了,迭个辰光吼没复印个,爸爸就用复写纸,可以一式两份或者三份。画了几张以后,爸爸还是觉得效率忒低了,我就问爸爸,可以晒图哦?我老早仔看到过爸爸辣辣描图纸浪画建筑图,画好了覆盖辣感光纸浪头,辣辣太阳底下晒,拿图印到感光纸上头个,蓝图就出来了。爸爸一听,大笑起来,连连讲,可以可以,迭个办法侬也晓得啊?侪拨侬学得去了。爸爸讲做就做,拿一百多个图样侪画辣辣半透明个描图纸上头。第二天,是个大晴天,是个晒图个好日脚,我得仔爸爸辣辣太阳底下老迅速个铺开感光纸,复上描图纸。太阳晒了片刻之后,一张完美个清晰个蓝图呈现辣阿拉眼门前,真是忒孅了,我脱爸爸又接连勿断印了十几张。接下来个事体就是拿图纸裁剪开来,装订成小册子。一本小册子32开大小,十四五页,每一页上头有八只图样,爸爸拿小册子个边裁得整整齐齐个,叠辣伊面,就像书店里向书架子上个图书一样。介许多个七巧板图样小册子,总归要有七巧板配哦,勿然言话就吼没意思了,葛末下头一步就是做七巧板了。

用啥个材料呢,用厚纸板,做起来方便,但是容易磨损。爸爸先头做个一副七巧板,用了一段辰光,边角侪毛脱了,拼起来勿密缝了,如果碰到水,葛就侪酥脱了,哪能办呢?用三夹板,忒费劲,要用锯子锯,锯好了,还要用砂皮纸光一光边,老麻烦个。爸爸就辣辣休息天跑到淮海路旧货商店、外滩中央商场去寻合适个材料,买回来胶木片、塑料片、硬个橡胶片,等等,交交关关材料,一样一样个试做。胶木片老脆个,容易裂,勿好裁割;塑料片硬度勿够,表面会得有划痕,勿美观;还是硬橡胶片,有软硬劲,可以用刀片切割,也可以用铁皮剪刀剪。选好了料,爸爸就马勿停蹄地做起来。今朝做两副,明朝做两副,几天下来,做了十几副了。我看爸爸也做得蛮吃力个,劝伊少做点。我问伊,做介许多拨啥人啊?爸爸讲,啥人要就拨啥人,七巧板拼拼,动动脑筋,开发智力,一家头好白相,几家头也好白相,大家比赛,看啥人拼个花样多、速度快。阿拉屋里向有好几个小人咪,三个阿哥一家两个小人，就六个了，还有亲眷屋里个小人，伊拉到阿拉屋里向来白相送一副拨伊拉多少好啊。白相相七巧板，总比一日到夜辣辣外头野跑做坏事体要好。

七巧板做好了，图样小册子也有了，迭能介散辣海送人总归勿大好。七巧板一块块容易遗失，爸爸就用牛皮纸做了一只只像信封一样个袋袋，拿七巧板得仔小册子侪摆进去，一袋袋整整齐齐个。后来爸爸又改进了，每一副七巧板做一只扁扁个正方形个小个纸头盒子，迭能介拿出来更加正规了，就像外面店里买个一样。迭个是一份多少珍贵个礼物啊，凝聚着爸爸个心血，饱含了爸爸对后辈个期望。七巧板侪送光了，但是爸爸对七巧板个研究并呒没停止，图样也勿断个增加。爸爸去世以后，辣辣伊个遗物里寻着了一只老大个文件袋，里向园辣海个就是爸爸设计个七巧板图样个全部资料，有伊画辣描图纸上头个原稿，上面个线条仍旧是辨能介清晰，就好像刚刚画好个一样，图样个数量竟然已经达到了三百多个。文件袋上写辣海：七巧板图样，开发智力，可出版。"文革"结束以后，改革开放了，爸爸应邀到北京中国国际信托投资公司担任房产部总经理，发挥了自家个才能，帮国家节约了好多个外汇，也为国家赚了好多钞票。大事体把握得老好个，小事体也老认真个，迭个就是我个爸爸。我搭仔三个哥哥从爸爸身上学到了交关物事，动手能力侪蛮强个。三个阿哥心灵手巧，侪是一点勿肯歇个劳碌命。阿拉从爸爸身上又学会了待人处事个方法，还懂得了做事体一定要有认真踏实一丝勿苟个态度，拨拉阿拉兄妹四个人以后个工作学习带来了老大个帮助，迭个是爸爸留拨阿拉个一生用之不尽的珍贵个财富。随着社会个进步，科学技术发展也越来越快，小人白相个物事也越来越多，但是动手能力却老差个，有个小人自家个书包也理勿好，铅笔也勿会削，学堂里布置个手工作业要家长帮忙做。有个辰光想想也蛮为辨点小人着急，为伊拉难过个。学堂里作业负担老重个，家长还要伊拉学迭样伊样个，小人拨拉大人牵牢仔转，完全呒没发挥自家爱好个机会，阿里有辰光坐定下来白相七巧板迭种小物事呢？我真个是觉得，素质教育勿是一句空话,开发智力也勿是一堂奥数课能够达到个,伊体现辣辣教育个方方面面,体现辣很多很多个细小个事体上头,体现辣学校脱仔家长个指导思想浪向。一个小人要成才,就要从一点一滴个小事体开始做起。

上海男人为啥力气小,声音也小?

作者:马尚龙
改编、朗读:郭莉

我所讲个"上海男人",是指具有上海城市文化气质个上海男人,呒没啥高低贵贱之分,但是并勿是泛指一切讲上海言话个"上海的男人"。一口龌龊言话、胡天野地唱高调、勿讲道理、勿讲诚信、毫无修养、赤膊荡马路、吃酒骂山门之类个男人,辣全中国侪有个,搿种人只能算是"上海的男人"。"上海男人"是一个文化符号,伊个外延可以延伸到非上海籍而辣辣上海生活个男人,"上海的男人"呢,仅仅有一只上海户口。

上海男人是一个备受争议的族群,辣全中国范围内,就再也呒没任何一个地方,男人会受到迭能个待遇。央视春晚巩汉林版本的"上海小男人"可以年复一年个惹得全国男男女女笑勿停;台湾女作家龙应台个一篇《啊,上海男人》更是刮起了一阵猛烈个龙卷风,上海男人简直就是拨龙卷风吹到了天浪,又刮到了地浪。

上海男人为啥备受争议?上海男人是真个小气、琐碎、斤斤计较又独独欢喜做家务哦?是真个缺少男子汉气概哦?上海男人看上去真个力气小,声音也小哦?勿管搿眼印象是真是假,问题在于,搿眼印象是哪能来个?上海男人为啥体拨人家留下搿种印象呢?

要解析搿种问题,就要解析上海搿个一座城市搭仔男人之间个关系。当我伲习惯于接受上海搿个一座城市辣中国具有唯一性、不可复制性个属性个辰光,葛末我伲也侪应该认识到,不可复制性个城市所造就个人个性格也是不可复制性个——上海男人个性格来源于上海搿个一座城市。首先就是来源于男人个"男"辣上海个价值。

做上海男人蛮难个，难就难辣了"男"迭个字浪向。"男"迭个字，是"田"跟"力"组合。辣田地里向劳作个人就是男人。辩记就委屈了上海男人，伊拉勿是辣田地里劳作个，作为男人个"男"就推扳了交关。但是上海简称"申"，"申"就是从"田"个困境中硬劲杀出两条路来。葛末索介牵强附会个解释，"申"就是上海男人个性格。一旦"申"从"田"字脱颖而出，伊就换了一种活法，出人头地了。被申贯通的"田"，勿再是农田，而是阡陌交通，是一条条活路。"申"，虽然也有点迷宫个困难，用心个走，总归能寻到出口个。再讲辩能走勿是乱走，是有规则个，迭个规则，辣上海男人当中，是第一位个，辩个就是"路数"。路数是上海男人行为能力。

　　上海男人还要追求绅士风度，也是有资格追求绅士风度个，因为绅士风度最早就是辣上海软着陆，乃末成为辩座城市成功男人个标尺。城市决定了着装，着装决定了行为语言，行为语言决定了生活态度。

　　尤其是上海历来被称作是东方巴黎，租界文化留拨上海社会影响最深个也是法国文化，上海男人辣气质浪自然跟巴黎男人接近眼。葛末当上海男人常庄拨外地人误解为是小男人个辰光，阿有人可以证明，巴黎男人也是巴黎小男人？当然还可以推及伦敦小男人、纽约小男人。既然上海男人个做派来源于西方男人的灌输，葛末作为灌输个主动一方，西方男人是勿是就应该是"小男人"个发源地呢？迭个问题显然呒没办法回答。

　　因为租界个西式文化是西方男人的母体文化，巴黎男人、伦敦男人个绅士派头，是拨伊拉自家个社会教育出来个，伊拉是文质彬彬个绅士，同样也是张扬个、奔放个、放纵个、率性个。至于上海男人，伊拉个绅士派头，并勿来源于母体文化个传统教育，而是被强制个灌输出来个，甚至就是出于被迫。可以讲，西方文化是上海男人的"继娘文化"。伊拉可以跟西方男人完全一式一样个行为，却并勿具有一式一样个心理。伊拉个绅士做派中，缺少了张扬、奔放、率性，而多了谨慎、矜持、含蓄，外加还有温和、忍让、克制。伊拉个绅士做派常庄跟谨小慎微互相衬托,互相渗透,所以伊拉一定绅士得谨小慎微,但是也一定谨小慎微得老绅士。

租界文化对于上海男人是一把双刃剑;但是同样是租界文化,对于上海女人来讲,就看勿出有任何被强制性灌输的迹象。谨慎、矜持、含蓄,即使还有温和、忍让、克制……正是构成了上海女人温婉、端庄、内敛、知书达礼,正是构成了上海女人有别于其他地方个独特个女人味道。

其实,介许多年数来围绕上海男人各种评论个核心,并勿在于上海男人搭其他地方男人个区别,而在于上海辫座城市搭其他地方、其他城市个区别。当我伲勿经意个认同上海辫座城市辣辣中国具有最鲜明个都市特征、最鲜明个文化个性、最鲜明个西方色彩,以至于跟其他地方形成强烈反差个辰光,实际浪,我伲就应该认同上海鲜明个人文性格,也就是上海男人的性格。其实也只是两个字:文明。

(来源:吴越小猪)

从上海言话看上海男人

作者:钱乃荣
朗读:钱乃荣

留辣上海言话当中个表现上海人特点个词语,已经成为上海人个生活习惯脱仔优良传统,同时也构成了以商业为基础个、脱农业文化勿一样个海派文化个底蕴。上海言话里向有点词语也记下来了上海男人个形象。

上海男人辣辣繁忙个处世办事辰光,除脱仔养成了"门槛精(精明)"个内质以外,从外表来看还有"落落大方"个绅士风度个一面,讲究"派头"脱仔"气质","坐得正,立得稳",心胸开阔,襟怀坦白,勿辣小事体浪向斤斤计较。碰着一眼朋友或者同事为难个事体,常常讲一句老轻松个言话:"小开司(case,小事一桩)。""噢,小开司,交拨我办好咪!"帮别人个忙解决问题看成功是"毛毛雨,小意思","小菜一碟(小意思,很容易)",勿足挂齿。

老早上海个白领先生,有两种出身,一种是从"学徒"磨起个"苦出身",还有一种是留洋回来个富家子弟,伊拉讲究"裤缝笔挺,皮鞋擦得锃锃亮","头子活络,卖相登样",过"风风光光"个"写字间"生涯。有交关城市里向,也有工厂老板,也有个是劳苦大众,但是勿能够发展成为像上海介一度是世界商业金融中心个大都会,就是因为缺少辥能样子个一大群上海男人。

上海个大男人里向,存在辣海辥能样子一个重要个"白领"阶层,是上海商业化经济个支柱。伊拉讲究仪态,举止温文,一副知书达理个样子,侪有个人业余爱好,充满好奇告憧憬,具有创造力告能耐力,过明快炽热个生活,"有台型",往往是一种细腻而富有风情个形象。尤其是辫眼见多识广、热爱西方文化、有国际视野个人,拨人家个感觉是温馨而又"洋派","交关克拉"。更有资深甚者,称为"老克拉"。

上海言话里"老克拉"辫个词,脱海派经济告海派文化直接有关,探索伊个来源,"克拉"来自英语"carat",是宝石个重量单位,一克拉等于200毫克。辣辣过去个珠宝店里向,老司务碰着三克拉以上成色个钻石宝戒,常常会大拇指一翘,称伊一声"老克拉"。后来用伊主要比喻辫眼有现代意识个、有西方文化学识背景个、有绅士风范个"老白领",有个是从外国归来见过世面个,有个是上海外国人办个学堂里譬如圣约翰大学毕业个。再从伊拉个文化追求脱生活方式着眼,又延伸了从英语"colour"(彩色)脱仔"classics"(经典)两个词语个特色含义。辫个阶层收入高,消费也比较前卫,讲究服饰告休闲个摩登,辣休闲方式浪向也领潮流之先,精通上海中西融合个时尚,追潮恰如其分。

后来又扩指到遇事在行、处世老练、有生活经验、有绅士风度个年长者,伊拉信口讲来,侪是典故。譬如:"我想告俚介绍,辫两位上海滩浪个老克拉,上海三四十代个事体,可以问问伊拉。"解放以后,辣全民侪穿中山装个年代,"老克拉"却穿出海派西装;辣大家普唱革命歌个辰光,伊拉戒勿脱老习惯去"打落弹(桌球)""跳蓬拆拆(交谊舞)",有人就认为伊拉搞"资产阶级个香风臭气"。因为逆潮而动,一时"老克拉"便成为贬义词。

不过"六十年风水轮流转",上海现在又走辣市场经济、知识经济个前哨了,"老克拉"又开始"吃香"了,精通中外时尚告技术个白领辣辣上海又壮大起来。伊拉脱一点老板一道又成为成功男士,拨拉大家赞誉为"绩优股"脱"潜力股"。

即使辣辣外头是个"大户",辣辣屋里向还是交关"做人家(节俭)"个上海人交关多,"一块洋钿掰两半用",辫个恰恰是上海男人理性理财个优点。伊拉主张"自靠自"个自力更生,"爷有娘有勿如自家有",伊拉勿啃老,勿仰人鼻息,也勿盲目"掼派头",装大自吹

"摆魁劲",同时伊拉处事也实事求是,"勿摆丹老"使人上当。

当年辣辣上海交关大型个工厂车间里,侪有一点技艺精致、老练一流、会解决各种生产浪向疑难杂症个老工人老技师,伊拉个工作作风邪气严谨踏实,伊拉对生产个技术熟门熟路、严格把关,上海话里向称伊拉为"老法师""老家生"。伊拉是上海工厂个"宝贵财富",有力个支撑了上海当年轻工业产品个高质品牌。

上海更加多个男人属于普通市民阶层。伊拉有个特点是十分顾家,多数人可以临时或者长期担任"马大嫂(买汏烧,家务活)",屋里小修小补,是样样"来三"个"三脚猫",拨人戏称为"家庭妇男"。对老婆也是"一帖药(完全顺从)",甚至拿老婆供为"玉皇大帝",言听计从。

上海言话里向个"花头经透""花露水足"往往勿用辣"资深美女""熟女"浪个,而是"资深男人"个法宝,伊拉对老婆"有花功",往往"软硬功夫"侪会,温柔体贴,乐于做"居家好男人"。有个人虽然襟怀还勿够开阔,但是多数勿会"拆烂污",勿夸夸其谈"牛皮吹来野豁豁","侃"辩个词辣上海话词典中呒没同义词。但是伊拉要面子,要"扎台型",脱别人"别苗头",勿能"退招势",就是"吃泡饭"也要"着挺括",要"上台面",要"卖相",注意自家个"身价"勿好落脱。过去有一个词语叫"洋装瘪三",讲个是即使"穷得溚溚渧",外出一套"洋装"还是必备个。勿管是啥人,对"上只角"社区个情调告氛围侪是普遍认同个。

上海大男人个特点,是心胸开阔,目光前卫,工作勤奋,守信用讲规则,辩个是脱辩个海派都市海纳百川个胸襟告"上海速度"相和谐个。脱"上海大男人"相对个称谓是"上海小男人",往往是指缺乏气概个、精于小事、目光短浅个辩眼上海男人。

由于有段辰光长期经济收入偏低,居住告伸展空间狭小,使得有眼上海男人变成了缺少气概个、精于小事又斤斤计较个"上海小男人",过去乘公共汽车"吊车""逃票",做做"黄牛生意",现在呢,请女朋友坐"差头"眼睛还盯辣辣计价器浪向看上升个数字个。上海话贬之为"小儿科""小气""小手小脚""小家败气(吝啬,没气派)""勒杀吊死(吝啬、气派很小,拖拉不爽气)",严重点个,叫伊"一毛勿拔"个"铁公鸡",为眼小事体会争得"面红赤颈"。

譬如辣辣电车浪向某甲一勿小心踏着某乙一脚,有点上海人老少讲对勿起个,乙会得讲:"啊唷哇,出门勿带眼乌珠个哦?"甲就讲:"侬脚浪向生了眼睛,哪能看见我个脚踏上来勿避开呢?"乙讲:"踏痛了人家个脚,还讲横浜理,真真碰得着!"言下园辣海一句"侬个出老!"甲讲:"碰得着哪能?碰得着哪能?我得侬碰碰看好哦!"等待对方"吃瘪"。辩段对话选自1935年汪仲贤写个《上海俗语图说》,辩种景象直到80年代初期还觉得就辣眼前,读起来依然典型勿缺韵味。不过上海男人一般有自制力脱仔一定个文明素养,"动嘴勿动手",以使人"吃瘪"为界,辩种边吵相骂边调侃个詈语辣一眼外地人看来,勿晓得是相骂还是相趣。

辣辣改革开放年代里新成长起来个一代,大致现在辣45岁以下个上海男青年,生存面貌则焕然一新。辩个一代从小学到大学多数从小受到系统个文明教育。伊拉当中有老多个聪明个读书成功个人,比较具有都市文明教养告中西素质个生活习惯,守规则,懂得斯文告风度。伊拉生活讲究优化细节,自感"活络灵光",讲究"有品、有型、有派",潇洒"有腔调"。

讲到"腔调",其实辩个词也是有深刻背景个。上海城原来是个"腔调"邪气发达个地方。有沪剧、滑稽、上海说唱、浦东说书、评弹、越剧、甬剧、锡剧咾淮剧10多种江南江北个地方戏曲,从19世纪末开始辣上海草创、汇聚、改造,到20世纪40年代成熟直到60年代初达到顶峰,葛咾上海人耳濡目染个演戏腔调脱演出姿态层出勿穷,留辣上海人个记忆当中。所以30年代就有一个习惯说法,拿"看侬辩种鬼样子(包括姿势)!""看侬辩种态度!"侪称作"侬啥个腔调!"含有"模样真难看"个意思,有辰光直讲"侬个腔调真难看!"含讲言话样子、身体个姿势。从中也可以看见上海人讲个腔调告仔姿态总归是连辣一道个。

现在讲个"有腔调",指个是人个行为举止时髦、潇洒、有个性,风度翩翩,有型,有内涵,有气质。譬如讲:"跟有腔调个男小囡辣辣一道,真是一种享受!"事体做得有章法,像样,样子好,也是"有腔调"。像"侬做个事体老有腔调个",讲一个男人"腔调老足",就是讲辩个人老有个性,老有"风度"个。乃末各种人侪有自家个"腔调"了,记者有记者腔调,教授有教授腔调,英雄腔调、大佬腔调、学者腔调、情圣腔调、小人物腔调,各有腔调!腔调之丰富多彩,也一直脱姿态造型结合一气。

腔调假使勿足,就需要"拗"出来,乃末从青年当中流行一个新词叫"拗造型",伊是"扎台型"告"摆 POSE(做出特别的姿态或造型)"个升级版。有意塑造自家个形象,辩个是新派做事体个"做派",告勿吃香烟、勿乱穿马路有关,也脱建成上海几个中心咾啥大事体有关,塑造上海人辣全世界面前个良好形象。

"拗"是要使出十足个力气"校路子"个,让大家想起杂技演员抬头挺胸、朝后头弯腰拿身体拉伸出一个"C"字来,需要能量告毅力,更加需要激情。为个还是要"上台面",提高生活质量。越来越多个上海男人深谙"眼球经济"个重要,要使自家"秀"得"有 feeling","有 sense","有派","有 face","有档次","有个性","有情调","有魄力","有立升","有力把"。

"拗"得顶有"腔调"个,姚明、刘翔是也。"80 后""90 后"个新人个长大脱仔崛起,推进了"拗造型"主义大行其道,从网络到现实,无处勿是"拗造型"个舞台。伊脱上海个地表也是大张旗鼓个"拗造型"一脉相承,从外貌到内质大踏步向发达国家个先进性看齐,当然也板有上海自家个特色。

上海新男人大多数气量大了,胸襟更加开阔。以"前卫"告"洋派"为荣,从身体到思想追赶时尚,要 in,忌讳 out。上海个男青年勿会打人、勿会骂人、勿会抽烟,辣地铁公交车浪向勿会发声更勿会喧哗。听到逆言,最多讲一声"侬勿要白相我噢!"碰着老恨个事体或者对方勿理伊,温和个勿失身份个回敬一句:"侬脑子进水了!""侬死机啦？"

伊拉更加强调个性自由，主张私人空间告保护隐私，伊拉侪是"独养儿子"，辣辣生活当中更加有空间，做到新娘老娘丈母娘三娘"摆平"。上海高而帅个男小囡特别多，伊拉当中有个人文质彬彬，好像吭没"火气"介，着意穿着，打扮中性化，温文尔雅，讨人欢喜，拨女青年爱称或者戏称为"小白脸""奶油小生""淑男""少女系男生"。

也有个"80后""90后"，以拥有"常住户口"自居为"老上海人"，条件好了娇生惯养，缺乏拼搏精神，厌恶体力劳动，贪图安逸脱仔"小资波波"生活，满足于"打打游戏""撽撽手机"，搞搞"同室蜜友""同学会"啥啥。再聪明再会读书也勿愿辣国内读博士，勿想承担风险个创业像去做老板，只想做个守纪安分个公务员，坐坐办公室，吃吃信息饭，有个人目光短浅，缺乏理想抱负告追求，只想眼门前豪燥多点money。

相反有交关"新上海人"，是历经艰辛闯入上海淘金个幸运者，伊拉有自豪感，有追求有气概，有智慧告勤奋刻苦个精神，同时有个人有点孤独感，觉着有勿拨人认同感。上海重新成为"移民""客居"个都市，上海又属于一个开拓人个天堂。

（来源：吴越小猪）

从上海言话看上海女人

作者:钱乃荣
朗读:钱乃荣

再讲讲上海女人个风采。

过去上海女人个形象有几类,多少脱家庭出身有关。一类是富实家庭个"大家闺秀",伊拉个榜样是"出得厅堂,下得厨房"。伊拉侪邪气崇尚礼仪,懂得传统,懂得夫妻相敬如宾,懂得脱仔到厅堂来个各种人物哪能交际,是丈夫个贤内助,言语温和,举止淡雅,着装得体,常带微笑,彬彬有礼,辬个是上等教育告世代家风熏陶出来个。

另外一类住石库门房子个、父亲一般是职员阶层个"小家小户"出身,伊拉谙熟咾珍惜都市时尚个日脚,崇尚"小资生活",清纯如玉,安分守己,聪明乖巧,脱邻舍"姐妹道里"融洽"兜得转"。上海话称伊拉"小家碧玉"。当碰着辬能样子个好姑娘了,上海人就会讲:"一看就是好人家出来个!""规矩人家!"脱钱财多少无关。伊拉温柔体贴,小鸟依人。

上海女人又拨拉自由个西风吹醒,求学心切,敢于追求爱情,甚至弄得惊天动地。伊拉告男人处世赞成平等,"我又勿依靠男人",主张经济浪向独立,感情浪向互勿干涉。当丈夫或者儿子碰着困难,伊拉会挺身而出,出场力挽狂澜。辬个又是一类"摩登小姐"。低档一点个赶潮者,人家称伊"时髦阿姐"。

现在上海个姑娘就是上面三种女人个遗传素质个融合,既要摩登新潮前卫,又讲温和淡雅得体。伊拉讲究个性气质,又倾向心灵层面脱仔格调,眼光投向纽约、巴黎、东京,追赶"拉风"个流行东东,出入"酷炫"个精品路店。RAP听听,茶坊坐坐,善于享受又崇尚情趣,轻松自若,休闲告工作并举。

假使讲上海男人个特色是"精明",葛末上海女人个品位就是"精致"。上海勿缺"秀色可餐"个美女。上海女人个美,是清爽个,优雅个,是得体个,讲究韵味。豆蔻少女,穿一袭黑衣,可以是沉静;花甲老妪,着鲜艳个裙裾,可以是端庄。上海女人追求时尚,是世界公认个。头巾个花样,帽子个戴法,裙子个形形色色,辣衣裳领头个"花边"浪向翻花头,还有辣上海发明而且精致化个旗袍,月牙边个绣花绢头,就是辣辣揩眼泪水个辰光,侪勿失脱洒丽脱仔高贵之气。"三年困难时期",辣为了节省大家用"假领头"个辰光,上海女人会得辣领角浪向绣点小花,辣整个领圈浪向加做一条花边。即使辣非常个"文革"个岁月里,伊拉也会做衣服浪向个"小手脚",伊拉拿"做头发""梳只头"看得交关重,头浪向常常会绽出几色小花,辣"玻璃丝""蝴蝶结"浪向变花样,藏逸辣海个性个爱好。现在开放年代个美眉,是头戴艺术帽,身穿休闲衫,腰系花苞裙,腿套象鼻袜,脚着松糕鞋,勾牢男朋友个手臂把,辣马路浪兜来荡去,出店进铺,指鹿说马,瞎七搭八,温情脉脉,笑声连连,风头出到哈尔滨,引来无穷回头率。

上海女人邪气明白,气质比外貌要紧得多,所以顶忌讳个是"妗夹夹""十三点兮兮",或者打扮了拨人感觉"乡里乡气""洋勿洋腔勿腔",总之"贼腔来死"个言话,就会拿伊个学历、专业、身材、外貌一笔勾销啦。

上海女人十分崇尚"家政",善于治家"做规矩"。譬如对小囡讲,要"坐有坐相,立有立相,走有走相,睏有睏相"。坐个辰光要坐得端正,勿要两腿旅开,跷起二郎腿;立个辰光要立了稳,勿要老是像"稍息",勿要两手交叉辣胸前,流搭搭像"白相人";走个辰光要文静相,勿要像急煞鬼投胎,歪歪斜斜,跌跌蹱蹱,或者连肩胛都摆勿好;睏觉勿要叉开两腿,或者"搭棚睏"或者"合扑睏"。吃饭也要有规矩,勿要大声讲言话,唾沫横飞;勿好两肘撑开,或者拿仔筷脱调羹两手朝天辣台面浪撑辣海,勿要来煞勿及先拣好小菜揼。勿要一面小便一面讲话,别人辣看报写字辰光有话也要轻声讲,房间里要保持安静。还有"敬惜字纸"个规矩,有字个纸张勿好辣上头乱踏,勿好乱掼,勿好当草纸,屋里向侪备有"字纸篓""垃圾筒",辩个是崇尚告昭扬文化个好习惯,让小囡从小怀有对"文明"个敬畏心,重视文化。当然屋里还有祭祀祖宗、尊敬长老告教书先生个规矩咾啥,朝有身份人家个一套家训看齐。辩个侪是拿江南好人家个治家规矩条理化了,集中辣上海形成了杂交优势,还吸收了西洋人个些许规矩,做了符合时代发展个"优化",拿伊来教育子女、提高素质,培养优良个门风。

  上海女人处事讲究平等,讲究教养脱仔礼貌。譬如碰着朋友送礼,总归记得一有机会要还礼。上海女人老要面子,屋里向小做小,也要弄得干干净净。辣屋里总归拿各种衣鞋书报、零碎杂物整理得整整齐齐,拨来客见到个家是有条有理个。丈夫出门前,也关心到伊个细节,提醒伊服饰整齐,勿要忘记带钥匙、手机、带洋伞、戴围巾咾啥侪要关照一声。虽然有交关老公工资卡侪交拨老婆保管,但是辣辣一道会客餐饮场合,伊总归使得老公有宽裕个能力让老公摸出钞票来付账,拨足老公面子。即使有啥争论,勿开心了要埋怨老公,侪到回屋里了再讲。上海女人自家规矩也做得周全,像出门注意修饰,邪气讲究仪表,注意穿着整洁、背包大气。上海新妇(媳妇)对公婆懂得尊敬告尊重,处理关系讲究心平气和,勿让丈夫当"三夹板"。辣过年过节,或者公婆生日个日脚,也勿会忘记送礼物。有眼人还主张脱公婆勿要同住一套房,最好能有"一碗汤(烧好端去勿冷脱)"个距离。

  上海女人还辣吃个方面尤其讲究"精致",譬如只是吃一小块"白乳腐",也要辣辣上面加点麻油,加点白糖咾味之素。伊拉辣辣"买汏烧"方面做得邪气讲究,反复讨论研究实验,当一门学问来处理。"隔壁邻舍""姊妹道里"互相切磋示范推介,一个人辣示范,大家围辣旁边看,一有问题当场就问。交关叫"某家姆妈"个人,侪是"全职太太",对内是"玉皇大帝",对外是"公关部长",是里外个"一把手"。

顶叫人感动个是,辣辣副食品告消费品供应老紧张,样样需要排长队个日脚,为了全家,为了"阿拉老头子",为了"两个小出老",伊拉人人侪是起早摸黑打冲锋个勇士。碰着"文革"患难辰光,连一向养尊处优个资本家太太,也会"独当一面",挺身排除万难,勿慌勿忙个渡难关。

上海最令人感动脱仔愉悦个,就是"嗲妹妹"个形象。

"嗲"辖个词,辣上海至少已经流行一个甲子了。伊原来个意思,有人讲是"故作忸怩之态,娇滴滴";也有人讲是"形容撒娇辰光个声音或者姿态"。譬如:"伊讲起言话来嗲声嗲气。"有个妹妹勿撒娇也有天生个"嗲劲"个。是褒是贬,随侬看了,而且勿同个时代看出来也会勿一样。60年代不少人对伊嗤之以鼻,认为辖个至少是一种小资产阶级个情调,一定要批判个;到80年代以后虽然坚持上面个看法勿变个人也有,但是有勿少青年女子是欲求嗲而勿得了。

据说嗲是天生个,伊像明朝李渔辣《闲情偶寄》里向描写个女人个"态"。李渔讲:"女子一有媚态,三四分姿色,便看抵过六七分;试以六七分姿色而无媚态之妇人,与三四分姿色而有媚态之妇人同立一处,则人止爱三四分而不爱六七分,是态度之于颜色,犹不止一倍当两倍也。"伊讲:辖种"态""犹火之有焰,灯之有光,珠贝金银之有宝色","且能使老者少而媸者妍,无情之事变为有情"。作兴有老多人侪是深有感受个,看见一个天性"嗲"个女子,虽然年纪老但童心撩人,谈及或者对待世界浪向个事体,侪有情脉脉,何况还是一个"嗲妹妹"。

更加有人讲,"嗲"是上海人对女性魅力个一种综合形容告评价,伊包含了女性个娇媚、温柔、姿色、情趣、谈吐、出身、学历、技艺咾啥交关复杂个内容,有先天个也有后天个。先天个大概就是李渔所讲个"态"了,"服天地生人之巧,鬼神体物之工",学也学勿来个;后天个据说出生辣淮海路陕西路个脱仔生辣辣"下只角"个,是勿是重点中学出来个,气质就是勿一样。

"嗲"反映了上海一眼女子个追求目标,也是交关男子个兴趣指向。上海姑娘个"嗲"包含了可爱、俏丽、伶俐、素养、台型、时髦、摩登、浪漫、迷人、小资咭啥种种元素,从讲言话个声音、立辣海的姿态、交际个灵动各方面侪会散发出来,令人感动。后来,"嗲"字从相貌性情娇媚引申到做事漂亮、上佳精彩,表示"好、精彩、够味"个意思,譬如讲:"伊两个字写得嗲是嗲得咪!"

"嗲"辩个词到底从啥地方来个呢?伊是从上海上岸登陆个,"嗲"来自英语音译词"dear"(可爱个),后来经过了上海人个改造,已经成为"的的刮刮"个上海话。"嗲"辩个音节辣老上海话以至普通话里向原来侪是咉没音韵地位个。"嗲"伴随市民社会形成个市民意识情趣兴起而娩出来个。

上海人讲食物个味道有个"鲜"字,辩个也是市民阶层当中追求享乐细腻化而辣吴语当中产生做常用词流行辣海个,原来辣普通话里也咉没相应个词。上海人习惯于安富尊荣,勿欢喜大打大杀,主张和谐乐惠,乃末欢喜"发嗲"个人也就多了,进一步拿"嗲"字个"娇"引申到赞扬、引申到"好"字浪向去,辩个是"嗲"字个民间立场。

碰着男小囡开玩笑个"过火"言行,淑女会反弹个讲一句温柔个言话:"侬好好叫!"再轻一点就讲"好好叫好哦",像脱伊商量。假使男小囡还要脱伊"打朋",或者讲一句"侬今朝着得老性感个末",从前个小姑娘会得轻轻叫回敬伊一句"十三点!"辩个虽然只是说明伊对辩个小伙子印象勿错,不过多少有点点反感;现在个女小囡是进一步了,回应一句:"侬去死——""侬好去死了——"虽然是讲得比"十三点"严重,但是听到伊辩能讲,语调一定是老好听老宽容个,勿要当仔伊要告侬绝交了,而是说明侬脱伊个恋爱或者交情又上了一个新个台阶!

辩个也是上海小姑娘个一种"嗲"法。

"嗲文化"是江南灵山秀水养成功个,葛咭脱仔"土"告"巴"完全相对。"发嗲"又是一种柔美娇媚个阴性风景,所以一旦男性也来"发嗲"起来,就变成了贬义,变成功"搭臭架子"、故意摆姿态,装模作样、装腔作势个意思。譬如一个人要推脱某桩事体辰光,就好对伊讲:"侬勿要发嗲了好哦!"对自我感觉太好个人挖苦一下,讲:"'嗲勿煞'咪!侬买根线粉吊杀算了!""发嗲"又有多种发法,像"发糯米嗲""发洋葱嗲",但是呒没"发狮子嗲"个。

"嗲"脱仔"作",是上海女人个两大特色。"嗲妹妹"个"反面"就是"作女"。"作"是女人折腾男人使得男人相当为难个武器,看惯"发嗲"个上海男人又哪能介来看上海女人"发作"呢?

"作",也是一个典型个上海方言词。伊个写法是代用个,并呒没早期北方话书面语浪向个出典。阿里个小囡勿"乖",整天要辩个要埃个,辩能也勿称心,埃能也勿称心,板要对侬吵啊闹个,勿拨伊满足就是哭,难以对付,就摇摇头叹一声讲:"迭个小囡真会作!"由此可见,"作"也是一种性格,有会作个人,也有勿会作个。有个"老人"像小囡一样会"作"。

当今有勿少前卫女士,却已经拿"作"为荣了,因为"作"勿是每位女性侪"作"得像个,所以"作"也是一种特别个内质。伊可以自豪个问:"侬看我会作哦?"对面个男士就会应声讲:"我就是欢喜作个女孩!""作"居然会得成为择偶辰光接着个一张靓牌。一趟辣上海个东方电视台"相约星期六"节目当中,主持人出题目问到"侬会作勿会作?",六个女嘉宾就是征婚姑娘有五个侪讲自家会得"作"个,只有一个勿会;而对方男嘉宾居然个个讲欢喜"作"个姑娘。爱"作",辩个也成为沪上个一道风景线了。

"作",大概可以分伊几类。一种是内向个,自家觉着老是万事勿称心,辩能做也勿好,埃能做也勿好,今朝去付定金买了房子,明朝又去退脱,常常自作自受,可以算"作茧自缚"型;还有一种是十分外向个"吵闹折腾"型,人来就疯,有回音了伊就来劲,缠牢别人没完没了论理;顶常见个当然是一种"和风细雨"型,毛毛雨落个勿停,拿辰光来算,长作三六九,短作日日有。勿晓得辩点小伙子欢喜阿里一种类型。

不过,有一点已经老明显个,对于"作"个感受辣今朝个上海,大势已经从"令人讨厌"发展到"为人接受""讨人欢喜"了,挦个真是180度个转变。

年轻人对"横勿对竖勿对"个"作",观念为啥有挦能大个变化呢?我想来,"作"挦个词词义个中心义素并呒没变,有认识浪向差异个是挦个附加意义,或者讲对表示色彩意义个挦眼义素看法浪有了差异。脱另外一眼词语一样,辣现代社会里勿再是一边倒,辣理解浪向一元个非好即坏,而是可以从原来个贬义深处窥见伊个褒义,真正个一分为二了。

上海人辣辣生活浪向也变得更加宽容了,上海人同时也变得更加有活力了,伊拉细细叫体察到了"作"个可爱之处。过去个男子欢喜平平静静,生活勿求波澜起伏,所谓平平淡淡再是真,所以伊拉需要个妻子是听话个,像个小绵羊,拿屋里看成功是一个避风港。而"作"个姑娘有想法有内容,跃跃欲试,想个勿停,作个呒没完;"作"个姑娘有个性,有挑战性,也有嗲劲,带有童心个任性。小伙子大家或许也辣跃跃欲试浪向得到默契,欢喜生活充满张力,对"小绵羊"反而"茄门相",伊拉或许认为小姑娘越是会作,越是可以展现出大丈夫驾驭两人生活个能力,家庭生活就越有味道,辣爱情里向加点作料,生活过了更加浪漫一点,挦个是伊拉个一种生活追求,挦能样子以后伊拉个 GF 或者 wife 就勿好是百依百顺个"白开水",而要"有个性"。

"作"个对面就是"哄",呒没挑逗性,就勿够能"哄"出滋味来,就享受勿到"哄"个乐趣,也看勿见对方得到满足以后个嗲劲脱仔安抚过程当中个曲折多致个情节,也得勿到"摆平"或者"烫平"以后个欣慰告满足感了。所以,从某种意义浪来讲,"作"也是 BF 或 man 们"宠"出来个。当然,挦眼侪是感情深处老微妙个秘诀,作兴勿是语言能够表达清爽个。

乃末,对于"作"个心理承受个变化,也带来了"作"挦个词语个含义个微妙变异告扩展,"作"从带有交关浓个可憎味进化为带有朦胧个可爱味,由此也可见上海现代社会个兼容性脱宽容度辣语词浪向个表现之一斑。

不过,社会取得辩眼宽容度,是要有眼前提个。首先是知识女性阵营壮大了,文明素质普遍提高。一个女子有了一定个修养告内涵,勿是一勿称心,就捎地光,掼家生,甩鼻涕,一般勿会到"作天作地""作死作活"个地步。

现代社会形成了现代意识,一个充满活力个社会,充满挑战性个竞争个世界,造就了青年男子个平等意识脱仔争强征服心理,迎接挑战是现代男子汉个一种心理满足,推及小家庭生活,也要有点花头,勿会撒娇勿来三,勿会"摆平"个本事也勿来三,侬有侬"作"个魅力,我有我"依"个魄力,从满足"一潭静水"到享受"波澜勿惊",辩个或许是家庭质量个一种进步哦。

"作天作地"也勿吓伊哦?上海有一家吃粥连锁店,取名"粥天粥地",告"作天作地"同音,辩个倒也是一种散发性个思维,但是从辩个当中也可见伊拉也勿拿"作天作地"看作贬义。胸有浩气天地宽,作天作地也平常,辩个一定是碰着了欢喜撑顶风船个人了!

现在个"嗲"告现在个"作",侪是上海女人个独特风情。

"发糯米嗲"啊,"粥天粥地"啊,还有"老克拉"啊,"老法师"啊,"有腔调"啊,"拗造型"啊,此景只应上海有,人间哪得几处闻!

(来源:吴越小猪)

上海人个"讲究"

作者：羊郎
改编：杨张悦
朗读：牛美华

上海人个"讲究"发自于生活态度、为人处世个原则，搭经济告处境吭没关系。

上海人比较讲究，瓣好像是中国人侪瓣能认为个，上海人自家也觉着蛮骄傲个。外省市个朋友提到上海人个"讲究"，往往辣心里向会脱上海人个小资情调挂钩，上海人则认为，自家个讲究是发自于生活态度告为人处世个原则，搭经济条件吭没关系，还有搭人个处境好坏也吭没关系。

民以食为天，上海人辣吃个方面有老多讲究。一块排条开出几块排骨有定数勿讲，甚至一斤腿肉切出个肉丝勿少于多少根也有要求个。守着瓣份讲究，上海人可以拿日脚过出精细个感觉，菜场里常常拿鸡头颈、鸡脚爪、鸡翅膀搭鸡壳裸咾啥分开，卖出勿同个价格，拿瓣眼食材，量身定制出各样风味个小菜，连看上去勿起眼个鸡肫、鸡肠搭鸡血也可以单独卖出去个。瓣眼虽然是鸡个下脚料，但上海人会讲究个拿鸡肝鸡肠切得来整整齐齐，鸡血块弄得方方正正，出锅子个辰光还要淋上几滴鸡油，有咬劲个鸡肝、鸡肠告滑爽个鸡血块，鲜美个汤汁吃上去交关个美味告写意。大家还记得哦，国门打开后，澳洲龙虾游进了上海菜场，上海人又以讲究个态度盛行起龙虾三吃，除脱生吃搭油焗，还拿上海泡饭发扬光大，本来要掼脱个龙虾头、尾巴搭米饭烧辣一道，熬成了虾油香溢个咸泡饭。瓣就更加可以看出上海人丁是丁卯是卯个讲究。

上海人吃荤菜讲究,吃素小菜同样也勿马虎。咸菜炒毛豆子,毛豆子煸大头菜,搿些常庄吃个家常菜,尽管食材便宜,但制作高调,咸菜必定会切成三分长短再好搭碧绿生青个毛豆子相配;大头菜也是切成细细个丁,加上油搭盐煸炒,照样讲究色香味俱全。

老底仔上海人个屋里向吃饭还是讲究一眼仪式感个,尤其是屋里向个老人常庄用"老法头"来教育小一辈。譬如讲外公看到我像掘烂泥一样盛饭辰光,总要抢过去饭勺示范一番,用饭勺拿钢宗镬子里个饭打松,让镬子当中搭边浪个饭均匀调和成粘连个米粒后,再盛到碗里向,搿能盛到碗里个饭就勿会得一团团个,软硬和谐,老小无欺。辣老早"毛脚女婿"第一趟上门,未来个丈人丈母娘也是要辣饭桌浪看"毛脚"个吃相,要是穿着光鲜而吃相难看个人,上海人背地里会称伊"洋装瘪三"。辣有教养个上海人看来,有铜钿人家勿一定就是好人家。

上海人辣穿着打扮浪自然也有一番讲究。首先是讲究整洁,辣石库门弄堂个小房间里,居住环境邪气小,但走出来个上海人,总希望拿自家个整洁面貌拨人家看。当然辣穿着讲究浪向有代表性个是上海女性朋友。老底仔虽然呒没名目繁多个化妆品,但勿妨碍伊拉打扮自己。当柳枝招展个辰光,伊拉会得拿杨柳枝烧成焦灰当作眉影粉用,据说迭个还是古代个方法。上世纪五六十年代,上海个弄堂里向常庄可以看到卖榆木刨花个小商贩,要好看个女人拿刨花买回来之后用热水浸泡出黏搭搭个液体,再装辣小罐头里向备用,需要辰光用木梳沾刨花水梳头发,头发会马上油光光个,还会散发出一股淡淡个芳香。老底仔经济条件好个家庭勿多,一般要到过年过节再会添置新个衣裳,衣裳破脱了侪会加补丁,即使是补丁也是要讲究针线针脚均匀。搿里"秀"个勿是衣裳个面料,而是家庭主妇们个生活态度搭仔手艺。

上海女性朋友辣穿着浪讲究简单大方。大多数工薪阶层个女性,讲究理性个管控好自家个衣橱,勿求多但求精,每趟整理衣橱,侪会对买啥、哪能介买进行思考,还会讲搿个勿是钞票个问题,而是智商、教养、生活态度个问题。心细个人可以从一个人个穿着浪看出迭个人个品味搭仔持家理家个能力。

　　上海女性朋友穿着讲究搭配,会搭自家个气质、身材、职业相配,不至于让几万元个衣裳穿出地摊货个感觉,搭配得当说话,几十元一条丝巾也可以气象万千。除了衣着搭自身搭配外,还会讲究出客到阿里去,脱啥人辣一道相搭,避免搭自然、人际环境勿相符。伊拉从骨子里向认为,豪华个盛装有辰光只显示有铜钿,而低调优雅无论是天生还是后天养成个习惯侪自带光芒,伊代表个是教养。

　　上海人种种讲究个背后本质是啥呢?有人讲是爱面子,有人讲是清高自我,有人讲是缘于上海个独特文化,既然讲法侪勿一样,可能是综合了多种因素哦。我认为值得称道个是上海人对辩份讲究个一直坚守,即使辣条件有限个情景里,也能做到简而勿陋、粗而勿俗,也就是无论好坏侪勿会太随便。至于有人对上海人个讲究称作做作搭小家子气,辩辣认识浪也难免差异,至少讲究,总比勿讲究好。真心希望搭值得期待个是,上海人个辩份讲究勿要只局限辣私域一角,而要更多地向公共领域伸展,譬如尽可能多讲究一眼像干湿垃圾分开放置、养宠物勿影响邻里居民咾啥方面,让上海人引以为自傲个辩份教养,能够发扬光大、代代相传。

　　　　　　　　(来源:《新民晚报》"夜光杯"专版,2018年4月9日)

上门女婿

作者:马尚龙
改编、朗读:麦小姐

上海汇聚了最多个资产阶级、最多个知识分子、最多个大亨老板,当伊拉个囡儿谈婚论嫁个辰光,要末是强强联姻,要末就是"小姐情定后花园"个现代版。辣上海,因为有勿少小姑娘从小接受个是西方式教育,再加上爷娘也比较开明,所以伊拉对谈朋友辣桩事体,自我意识是蛮强个。万一伊拉自家拣中了一个爷娘勿大满意个男朋友,就算大人再放软档低姿态个来劝,小姑娘也是听大勿进个,脾气犟起来,恨勿得就真个非君勿嫁了。外加伊拉还会列出交关亲眷朋友个经典案例,乌龟翻身咾、乘龙快婿咾、莫欺少年穷咾……言话是伊拉会讲呀!就辣能,囡儿反过来说服了爷娘。所谓"做得好勿如嫁得好",看对了一个男人,也是嫁得好个前提之一嘛。

有个男人辣发迹前头因为名字里有一个"强"字,所以大家侪叫伊"阿强",以至于后来上去了,立升大了,亲眷朋友脱出窠兄弟道,仍旧是"阿强阿强"个辣能喊伊。

阿强读书个辰光,屋里住辣老偏个地段,是真正"下只角里个下只角",再加上伊个"苏北"口音,常庄拨人家看勿起。不过,阿强书读了邪气好。伊个老婆就是伊个高中同学,勿但家境优越,房子挺刮,书也读交关好。后来阿强有大出息了,老婆满足了,有辰光会问伊:"为点啥后头来侬个成绩会越来越好,还超过我了呢?"

就像所有个大户爷娘侪勿赞成自家囡儿跟穷小鬼谈朋友一样,阿强埃歇辰光也碰着了辣只现实个问题。亏了伊个老丈人想法开通,相信囡儿个眼光脱选择,辣对有情人终于走到了一道。当然咾,

111

新房间肯定勿会做辣虹镇老街个男方屋里,而是摆辣女方个公寓大楼里。乃末,阿强就成了上门女婿。

上门女婿辣上海其实并勿算少,此地阿拉要先来说明一下,鹬搭个"上门女婿"脱"招女婿"或者"倒插门"是勿一样个。上门女婿仅仅是指拿婚房摆辣女家个结婚形式,辣其他方面男家并吭没吃啥亏,至于今后小人跟啥人姓,鹬点,还是按约定俗成个来。不过,上门女婿个精神地位肯定是勿大高个,比方阿强,埃歇辰光自家吭没房子也勿赅啥钞票,就连讲言话也带了苏北口音,可想而知,伊辣辣结婚以后个一段日脚里,是蛮难抬头挺胸个。基本浪向,上门女婿要比别个做女婿个男人承担更加多个家务劳动,鹬里向有点生活,可能是其他男人家一辈子也做勿来个。外加,勿但要做了多,还要卖力,道理末,大家侪懂个。

直到结了婚,阿强再第一趟有机会辣浴缸里向汰浴。老早鹬两家头还辣谈朋友个辰光,碰着闹矛盾,阿强会嘲叽叽个脱小姑娘讲:"侬回去哦,㑚爷娘已经放好了一浴缸个牛奶,等侬回去汰牛奶浴咪!"回过头来想想,伊自家也笑了,侬看呀,两热水瓶开水倒辣浴缸里只有鹬能一沰沰,哪能可能有一浴缸个牛奶拨侬汰浴呢!丈人屋里是公寓楼房,有独用个"大小卫生"——"大卫生"是指浴缸,"小卫生"是指抽水马桶,条件辣当时是老好了个。不过用了也有点年数了,看起来末,也已经显得老旧了。阿强觉着浴缸个底浪向有眼黑黜黜个,就寻了块砂皮想拿伊磨脱,再开自来水冲清爽。真是好心办坏事啊,啥人晓得,鹬沰黑印子拨伊越弄越大,本来只有一眼眼,结果变成了一大摊。当天夜里,阿强迓迓叫查了词典,再晓得了原来伊磨脱个勿是龌龊,而是搪瓷,勿可能修复如初了。

阿强作为上门女婿个"首秀",就鹬能留下了勿可磨灭个印记。大概也因为出了鹬桩洋相,更加刺激了伊彻底摆脱"乡下人"身份个决心。后来,伊拉夫妻两家头终于有了自家个房子。当老丈人屋里预备重新装修个辰光,阿强邪气坚持个要脱伊拉买一只浴缸。

上门女婿辣辣住房紧张个上世纪七八十年代,算得上是上海个一种蛮普遍个民风现象了。做上门女婿个男人,或许辣生活浪向样样啥侪勿缺,但心里向总归像少脱了点啥一样。人辣屋檐下,勿得勿低头。只怕低头耷只动作做了辰光一长,背脊骨也就弯了,毕竟也勿是人人侪可以像上门女婿阿强耷能腱个呀。

马路求爱者

作者：马尚龙
改编、朗读：吴兆玉

刘先生，当年一个姓刘个同学，伊辣辣一封情书里夹了一张电影票，向一个女小人求爱。伊搭仔人家有所不同，伊并勿认得迭个女小人，伊是一个名副其实个"马路求爱者"。

马路求爱者一定勿是单单上海有，但是上海个马路求爱者曾经蛮多个，可能是受了《魂断蓝桥》之类西方式个偶然碰着就交朋友个影响。上海当然有马路求爱者个求爱空间咾，每当夜快头个辰光，辣辣思南路、淮海路、外滩等等年轻姑娘比较多个路上头，就会有交关男青年辣辣游荡，一旦看见自己心里中意个小姑娘，有点男青年就会凑上去搭讪，先自报家门，再发出邀请，到就近个咖啡馆里向，谈谈心、聊聊天。迭个一种现象，大概能够反映出上海人个大胆、热情脱仔先锋个生活态度。有个辰光一个女小人正辣辣走，就有一个男青年突然从后面窜了上来，向女小人要求发展恋爱关系，女小人总归要拔伊吓煞脱个，一般会有得两种反应：一种反应是头也勿回，豪燥走，甚至是小跑步；另外一种反应也是豪燥走，也是小跑步，不过还要回过头来瞪伊一眼，骂一句："流氓。"马路求爱者老少有成功个，但是马路求爱者交关侪勿是流氓。

迭个姓刘个同学辣辣80年代初刚刚考上大学，有一日天辣辣思南路上头个蓝村咖啡馆喝咖啡，看到店里向有个服务员小姑娘长得蛮漂亮个，心就动了。伊勿晓得应该哪能介脱小姑娘搭讪，哪能介去认得迭个小姑娘，正好听到小姑娘个同事辣辣叫小姑娘，伊就记牢了小姑娘个名字。

回到学堂里向以后，迭个姓刘个同学就写了封信拨辣蓝村咖啡馆个小姑娘，还辣辣信里向夹了张照片，还夹了张大光明个电影票，就是伊部辩个辰光创票房纪录个《405谋杀案》。寄过去了以后，伊一直坐立勿安提心吊胆个等回音。过了几日天正辣辣上课个辰光辅导员来了，叫伊到办公室去接电话。伊迭个辰光心里向有点吓了，怕刚刚考上大学就犯错误。打电话来个人自称是蓝村伊个服务员小姑娘个男朋友。对方要求伊当天再到咖啡馆去一趟，否则就寻学堂反映。迭个姓刘个同学就辣辣第二日天约了伊一个同学一道到蓝村去。

到了蓝村门口，伊个服务员小姑娘脱一个青年男人正等辣海，旁边还有一群服务员辣辣看闹猛。

伊个男人问："侬是勿是拨伊写过信啊？侬晓得勿晓得我就是伊个男朋友啊？"姓刘个同学脱伊对勿起："啊呀，我勿晓得伊已经有男朋友了，辩个下趟我就勿再写了。"辩个男人勿罢休："侬讲得介便当？侬迭个是流氓行为侬晓得哦！"

姓刘个同学有点吓，倒是伊个同学挺身而出，讲："侬迭个朋友真是个！脱侬打了招呼侬还想哪能介？朋友，侬懂勿啦，轧朋友是呒没枪篱笆个，老正常个嘛。"

伊个男青年突然有点勿晓得哪能好了，只好拿手里向个一封姓刘个同学写来个情书扯成一半，再扯成一半……幸亏得，女朋友是忠贞个，辣辣接到信个第一辰光就交拨了自家个男朋友。

当年迭个一日天，姓刘个同学得仔自家个同学从蓝村老顺利个回出来，伊个同学突然问伊，侬信里勿是夹了一张《405谋杀案》电影票吗？阿拉两家头去看。到了大光明，脱检票个讲票子遗失脱了，是几排几座个，检票个人到场子里向一看，位置真个空辣海，结果就放伊拉进去了。

削刀磨剪刀

作者、朗读：简平

"削刀磨剪刀！"

迭个是我小辰光听到最多个吆喝声之一。随了一声声个吆喝，可以看见磨刀师傅辣辣里弄里向、新村里向穿来穿去个身影。

常常到阿拉搿搭来个呢一位磨刀师傅，一年四季侪穿一件同样个外套，老老厚个，还有交关补丁，已经汏得发白了，隐隐叫呢，露出老底子个蓝颜色来。伊还有呢，一副袖套，一年四季呢，戴辣海，搿副袖套啊，倒是蓝得发黑，蓝得发亮。有一日，我迓迓叫呢，仔细瞄了一眼，原来上头啊，侪是油腻疙瘩。磨刀师傅一只眼睛是坏脱个，但伊勿戴啥个墨镜，白白个眼乌珠有眼吓人。阿拉老老小小私底下呢，侪叫伊"独眼龙"，其实，伊是听见个，但伊一点也勿在乎。

迭位磨刀师傅让我看到了顶顶正宗个磨刀人个腔调。伊拿一条长凳架辣肩胛浪，长凳个顶浪向呢绑了一块磨刀砖，两只分开个凳脚，辣辣一前一后，当中是空辣海个，凳脚勿是简单个两根木棒，当中有交关木条横里向撑辣海。来了顾客，伊呢就放下凳子，一头着地，一头呢就顶牢自家肚皮。开始磨刀之前，伊总习惯性个往两只手心里向各吐一口馋唾水，"呸呸"两声还叫得来来得响。乃末，勿管是磨菜刀，还是磨剪刀，伊侪呢先要摆辣搿只好个眼睛前头啊，要看脱一歇，嘴巴里向呢，勿晓得讲点啥物事，像是念经一样。接下来，就朝磨刀砖浪向豁上一点水，也就正式开工了。好白相个是，迭个盛水个勿是啥面盆，也勿是水桶，而是一只啥物，小个饭锅子，听伊讲，还要用来烧饭吃个。

每当听到"削刀磨剪刀！"吆喝声个辰光呢，我总归起劲得勿得了,马上开始搜索屋里向啥个菜刀啊、剪刀啊。阿拉爷娘看到了,冲我就乱叫了:"刚刚磨过,还呒没钝脱唻!"我一面叫"钝脱了钝脱了",一面呢,飞奔到楼底下去。其实,我之所以介起劲,跟屋里向个菜刀搭仔剪刀钝脱勿钝脱一点也呒没关系,我就是想去看看辣磨刀师傅一直带辣身浪向个一本书。呒没顾客个辰光呢,辣个磨刀师傅啊,侪辣海看书,热天呢辣海树阴下里看,冷天呢,辣辣阳光下头看。我老想晓得辣到底是本啥个书呢,哪能会得永远也看勿厌个呢?后来,我晓得了,辣本拨伊翻得来破破烂烂个书啊,叫《说唐演义全传》。有一日,我搭辣磨刀师傅讲,侬磨刀个辰光呢,可以拿辣本书拨我看看哦?伊一口呢,答应了。果然,辣本书老吸引人个,拿起来就放勿下来了,乃末我就成了辣位磨刀师傅最最忠实个顾客了。伊有辰光勿肯收我钞票,我想,伊是勿是发现我拿来个辣眼菜刀啊、剪刀啊,其实是真个根本就勿需要去磨个呢。

但是,自从我小学毕业以后,离开屋里向去读寄宿制个中学,我就再也呒没看见过伊了。以后,就连"削刀磨剪刀!"辣能介样子个吆喝声,也辣海辣座城市里向也越来越少听到了,当然,也极少再看见磨刀人伊拉个身影了。我以为辣一行当已经退出了历史舞台,勿会再有人来传承了。呒没想到,前几天,我辣辣小区门口,又看到了一位磨刀师傅。伊同样穿个汏了发白个外套,同样戴了一副蓝得发了光个袖套。只是辣个磨刀凳子啊,短了交关,勿用长方形个磨刀砖了,改用圆个各种状态个磨刀砂轮了。磨刀前呢,伊也勿再吐馋唾水,也勿再拿辣菜刀搭仔剪刀呢,摆辣眼睛前头看一看;磨刀个辰光,也勿再拿啥拿凳子啊一头紧紧个抵牢肚皮。伊也呒没拿啥个拿本书带辣身浪向了。最最勿一样个是啥呢,伊竟然"削刀磨剪刀!"也勿喊了。

因为好奇,也因为一份情结,我还是呢,请伊帮我磨了一把剪刀。我老想跟伊茄茄山河个。只看伊啊,飞快个辣海磨剪刀,一歇歇就磨好了。不过呢,伊倒是讲拨我听,伊来自江苏,今年56岁了,子女呢侪已经成家了。我问伊,葛侬为啥还要出来做辣种生活呢?伊讲,儿子搭仔女儿啊,常常是要问伊讨钞票。我讲,侬哪能勿像老早仔个磨刀师傅吆喝个呢,老早个磨刀师傅侪吆喝个呀:"削刀磨剪刀!"伊听了,摇摇头讲,伊勿会个。我心里蛮有点失望个。我又问伊,侬勿吆喝,葛生意还会得好个啊?伊眯起眼睛笑辣讲:"侬一定猜勿出我可以赚多少钞票!勿少个!"还呒没等我猜,伊自家已经伸出了四只手指拇头:"勿少于四千元!"乃末,伊就极极个催我咪,快点,去拿俉屋里向个菜刀再来磨一磨。我问伊,侬刚刚帮我磨过剪刀咪,侬收我多少钞票呢?伊用两只眼睛掂量掂量我,乃末勿动声色个报出了价钿:"八元!"

故乡上海拨了我第二次生命

作者：周润年
改编：钱乃荣
朗读：牛美华

  我是一个癌症康复个人，已经有将近廿三年个康复史。我能够开开心心个活到现在，靠了金华当地医院快速个诊断，更加是靠了故乡个医生们"仙人指路"、医技精湛、妙手回春。
  1995年个3月初，寒假刚刚过去，新学期个第一堂课浪向，我突然觉着情况勿妙——口齿勿清，板书写勿平写勿大……经过金华市中心医院个CT得仔一系列个跟踪检查，结论出来了——肺癌外加脑转移。屋里向个人慌作一团。医院老重视个，组织了好几次会诊，作出了三个手术方案拨我选择。到底是先开肺还是先开脑还是肺脑一道开呢？屋里向个人急得头头转，举棋勿定。就辣瑀个关键个辰光，上海华山医院脑外科个泰斗级老前辈杨德泰医生正好到金华来出差，院方告我个领导、家属听到消息就马上请伊为我会诊，定夺治疗方案。杨老医生伊歇辰光已经年近古稀，穿仔一件黑颜色个皮夹克，戴了一顶黑颜色个鸭舌帽，高大壮实，精神矍铄，看上去只有六十来岁。伊试了试我右手个握力脱右脚个抬举力，认为情况还呒没糟糕透顶。伊亲切个告我讲："周老师，侬会好个。"接下来，伊马上果断个提出新方案："先开伽马刀消除脑部病灶，再做开胸手术去除肺部肿瘤。要保体力，抢辰光。"瑀个真是关键个仙人一指啊，我个主战场就从金华移到了故乡——上海。可敬个杨老医生已经辣今年2月份仙逝，享年91岁。我永远勿会忘记伊非同寻常个判断力，勿会忘记伊个救命之恩。

伽马刀辣 1995 年还是新生事物，华山医院附属伽马刀医院成立仅仅两年，连我住辣上海个小阿哥也从来呒没听讲过。阿拉先到上海华山医院挂杨老医生个门诊号，伊写了医嘱转附属伽马刀医院。辣伽马刀医院里向，为我诊治个是伊歇辰光还相当年轻个潘力医生脱仔伊个治疗小组，其中有更加年轻个张南医生脱杜国宏医生。伊拉拨我做了一系列检查，做得交关细致。3 月 25 日上半日潘力医生脱护士小姐一面安慰我，一面轻巧熟练个辣我头浪向旋进 4 只金属螺丝钉，固定好金属架，拨我戴了宇航员一样个头套。埃歇辰光大家拿伽马刀手术叫"开枪"，我记得老清爽，我拨伊拉反反复复个推进手术床个"穹庐"里八趟，"丝丝丝"个开了 8 枪。每开一枪，铁门"咣当"一响，张医生、杜医生就跑出来精确个为金属架移位，到开第六枪个辰光我已经发软了，两位医生，特别是胖胖个张医生也气喘吁吁了，但是伊拉一丝勿苟，还脱我打气："要坚持！"就辩能，我顺利个完成了第一个手术。潘力医生对我讲："侬还要做一个肺部手术，辩个对侬是老重要个。"

从理论浪向来讲，我好像是勿好做肺部手术个，因为已经有远处转移，辩个是手术禁区。但是当热情仗义个故乡朋友甚至朋友个朋友为我联系到上海胸科医院个周允中医生个辰光，伊老爽快个接受了我，辩能样子我就住进了胸科医院八病区，做了包括骨扫描辣里向个全面检查。胖乎乎个周医师，辩位当时辰光看上去五十几岁个全国优秀专家，笑嘻嘻个对我讲："勿要怕，侬辩只手术我有把握。有一个上海乐团个小提琴手告侬情况差勿多，也是我做个手术，伊现在蛮好。侬现在个任务是吃好睏好锻炼好，增加肺活量，迎接手术。"听了亲切和蔼之极个周医生辩番言话，信任感就好像潮水一样涌起，我辣故乡碰着了多少好个医生，一流个医术，一流个人品！手术安排辣 4 月 12 日早浪向，是周医生为我主刀个。中浪向我完全清醒过来了，再晓得自家已经睏辣八病区个监护室里向了。周医生来看我，伊告诉我："手术蛮顺利个，去脱了右肺上叶，截脱了半根肋骨。侬勿要东想西想，要好好休息。"周医生还对来访问个美籍华人专家介绍了我个病例,让伊拉录了像。就辣一个礼拜以后,周医生辣为另外一个病人做手术个辰光,因为劳累过度心肌缺血昏倒辣手术床边浪。搿种辣今朝个电视剧里向再能看到个情节,辣廿三年前就实实在在个发生辣周医生身浪了。

我还要感谢八病区个护士小姐告伊拉个护士长。搿个辰光,监护室里个病人蛮多个,家属勿可以探望,还有每个普通病房也要住八个病人,家属勿好陪夜,只好定辰光探望。护士们个工作量是惊人个,伊拉个护理技术是一流个。手术以后仅仅三天,我回到普通病房,辣伊拉个鼓励下头,下床走路,扶了墙壁一步步移动,开始了我新个人生。

辣辣胸科医院还有一个难忘个人,就是当时个放射科主任凌美玲医生。伊笑容亲切,读片水平高超。甚至辣我回到金华以后,有几次片子里出现一眼疑点,我个家属侪会马上赶到胸科医院请伊帮忙读片,每一趟伊侪能够老快个拿疑点解释清爽,让我放心,使得我免于过度治疗。

辣辣我康复三年多以后,1997 年个 7 月,我脱家属还特地去了一趟胸科医院八病区,探望搿点白衣天使。遗憾个是,搿日天周医生休息,我就老开心个脱护士长一道拍了照片,又到放射科告凌美玲医生拍了照片。

我当时辰光个手术结论是"右上肺叶高——中分化腺癌"脱仔"六分之三淋巴阳性"。手术九天以后应该出院了。前面个路哪能走呢? 护士长告诉我可以先吃中药调理,还可以做一种郭林抗癌健身功。我个阿哥听讲龙华医院中医肿瘤科个医生刘嘉湘(就是最近评为国医大师个搿位),中药治疗老有一套个。我脱家属就直奔龙华医院,40 元挂上了刘医师个号,本来想多开几帖中药就回去休息了,但刘医师搭脉望诊后讲:"侬啊,气血两亏,应该住院调理。"搿能,我就收拾好行李,依依勿舍个从胸科医院转到龙华医院中医肿瘤科病房。

辣辣龙华医院我吃个是刘医师开个中药,但日常个治疗主要是刘医师个徒弟施志明告一位姓赵个女医生负责个。施医生脱赵医生邪气耐心细致认真,辣伊拉个精心治疗下头,我顺利度过了伽马刀反应期脱仔肺部手术以后个行动困难期,为下一步个化疗做好了营养脱体力准备。个把月以后,带了一大堆中药脱仔医生推荐个化疗方案出院回金华。

化疗结束以后,我又两趟回上海到施医生搿搭复诊改方,我个阿哥也几趟挂伊个号为我改方子。我吃施医生个中药整整九年,方子里当时金华配勿着个两味草药石见穿、蛇六谷,侪是上海群力草药店邮购个。后来听讲施医生勿幸辣一趟车祸当中丧生,我痛惜伊,园好了伊为我开个方子作为纪念。

龙华医院中医肿瘤科还有一点可讲个是,辣肿瘤病人云集个病房里向,肯定会有人来卖书卖资料,不过当时保健品推销老少个,来卖个绝大多数是正规出版社个康复资料。我辣病房里买了两本辣我长达廿三年个康复期里侪起到了交关重要个辅导作用。一本是上海红十字会肿瘤专家咨询服务中心脱上海市肿瘤防治研究办公室主编个《肿瘤康复指南》(增补第四版),还有一本是《新编郭林气功》。辣康复指南搿本书里,我看得最多个是上海肿瘤医院于尔辛医师写个《癌肿患者的食疗》搿一篇,对我辣康复期间个饮食有指导意义。辣《新编郭林气功》里,我第一趟看见"肿瘤勿等于死亡"搿句话,而且老老实实个练习气功整整九年。

我个故乡治疗个经历使勿少朋友大为惊讶,有人问我:侬哪能会得搿能"神通广大",居然连闯三个三甲医院,而且每个医院侪碰着一流个医生?天地良心,我脱几位医生素不相识,也勿沾亲带故。我搿个书喽头也只晓得按公开价目付治疗费,塞勿来"红包"。我甚至呒没伊拉个私人电话,康复个最初几年难得要咨询个辰光,侪是通过医院总机转办公室或者门诊室。我曾经用搿个途径联系杨老医生,告诉伊我蛮好,谢谢伊。伊正好辣门诊,开心个讲了一句:"葛末顶好哇。假使讲勿好末再来挂号噢。"有人建议我做全脑扫描,我也电话咨询过潘力医生,伊讲:"恭喜侬情况稳定,全脑扫描就呒没必要了,只要肺部稳定就好。"施医生也辣电话里为我改过"地龙"个剂量……仅此而已。

感谢、怀念故乡个医护工作者们,伊拉绝大多数已经退休了,愿伊拉晚年幸福。

感谢故乡拨了我第二次生命,就像我个北京阿哥讲个辂能:"侬啊,上海姑娘上海命!"

虽然我老早就是个异乡人了,但我是吃黄浦江个水长大个,吃黄浦江个水重生个,确实是乡情难忘,难忘乡情!

(来源:学上海话)

第三编

常爱此中多胜事

童年个味蕾密码

作者：麦小姐
朗读：麦小姐

十几年前头，埃个辰光还行 bbs（论坛），嘉网文学版搞过一趟六一儿童节个主题作文活动。我埃歇写过一篇叫《童年散影》个小文章，写写老房子、老亲眷、老同学啥啥，也蛮有劲个。其实哦，小囡关于童年个念想，除脱白相以外，"吃"也是老重要个一项标识。我出生辣辣"后物资匮乏"个年代，开始有更加多个机会选择美味，平常个，勿大高级个，也可以让小小个我，回味犹新。

酸个记忆——蜜饯

我小辰光交关欢喜吃蜜饯，像啥话梅咾、杏脯咾、加应子咾、果丹皮咾……阿拉姆妈会拨伊拉分类装辣一只只小而精致个瓷瓶里向，生怕我吃忒多牙齿蛀坏脱，每趟也就是拨我吃一粒两粒解解馋。所以呢，我吃起来是来得个"做人家"啦，勿舍得一记头嚼光，含辣嘴巴里慢慢叫嗍，连得只榔榔头也是酸甜酸甜个，总归要含到味道侪淡脱，再嚼了吃下去。辣能介末，一粒话梅，也够我吃脱一抢咪。

后头来有了眼零用钿，我就蛮多跑到食品商店，去称个两元三元洋钿自家欢喜吃个"三角包"。苏式话梅帮蜜汁山楂买了最多。我拿伊拉囥了床头个"夜壶箱"个抽屉里，好像囥了一只小小个秘密。不过，就算是摆脱了大人个定量供给，我倒也呒没畅开来瞎吃八吃啊，每趟趴辣床高头看书个辰光，当做是伴读个零食。

甜个记忆——乐口福脱校门口小吃摊

比起冲调个乐口福,我更加欢喜干吃。掰种简单粗暴个吃法还是阿拉姆妈教我个。抱仔只金属听头,用调羹舀来吃,满口留香,伴随独特个颗粒口感,交关霸气,也交关"堕落"。唯一个遗憾是,掰种吃法,乐口福容易受潮,外加到有人来屋里白相个辰光,就勿好意思再拿来冲调拨客人吃了。伊是我"独食"榜里个 No.1。

老早,学堂门口总归聚集了勿少卖零食玩具个小摊头。天热辰光外公来幼儿园接我放学,我老是欢喜缠牢伊帮我买棒冰吃,是埃种摆了木头箱子里用棉被裹牢保持低温个纸头包装棒冰。卖个人呢,多数是推辣部脚踏车,拨只木箱子搁辣后面个坐凳高头,外头看看呒没啥花头,里向包了密密洞洞,一副深藏不露个样子。我最欢喜吃个还是橘子棒冰,外公宠我,有求必应。

小学里,学堂门口卖糖画个摊头生意总归是特别好。一放课啊,小朋友侪欢喜轧了埃面搭,闹猛得勿得了。摊头前头还会有一只印了动物图案个转盘,一样个价钿啊,碰运道转到啥是啥,童叟无欺。转好以后呢,老板就会根据侬转到个图案,用热熻个饴糖糖浆辣操作板高头帮侬画出来,手势熟练,惟妙惟肖。当然咾,侬假使今朝袋袋里个钞票比较挺,也可以充一记"大户"直接点一条"龙",价钿末肯定要比"盲选"要贵一点个,但交关扎台型呀,一交圈个小朋友板定眼热煞侬咪。碰着认得个噢,说勿定还会得拨伊拉掰脱一眼眼"龙须龙脚",大家分享,有糖同吃,交关开心。

除脱校门口,学堂里个小卖部也是高人气个场所。我现在回想起来,记忆最深个,是一种代可可脂巧克力,应该是比较蹩脚个一种。牌子脱名字完全忘记脱了,包装也普普通通,就一块深褐色个长方形,上头有整齐个小方格分布,口感末,是代可可脂骗味蕾个"假香",小辰光觉着,只味道还蛮好吃个咪。也勿晓得是为啥,我就一直记牢了伊,后来就再也呒没辣别搭地方买着过了。关于巧克力个记忆,我突然想起来一个小场景,伊勿是发生辣我个童年,大概2000

年左右个某一年平安夜,我脱我最要好个小姐妹两家头买仔一大块德芙,走辣冬天将夜未夜个中下塘街,一边闲话将来,一边一人一口个分食巧克力。挦桩事体,伊应该也记得个哦。

苦个记忆——自制奶咖脱红茶

辣所有个咖啡类饮料里,我对奶咖是情有独钟个,伊脱拿铁差勿多,就是用个咖啡勿大讲究。屋里向一直有瓶装个雀巢咖啡哦,因为阿拉姆妈欢喜吃勿摆糖勿摆奶个清咖。我吃勿来介苦个清咖,又勿欢喜加糖,乃末,就用牛奶脱咖啡一道冲调,勿要加糖,牛奶个淡性拿咖啡个苦中和到我可以接受个程度,同时,获得了双份个香。打底个是非混合型雀巢咖啡,用荷兰乳牛奶粉勾兑,配比相当重要,一份咖啡配两份奶粉,根据盛装容器个大小加适量个水调和,真是香浓扑鼻!挦杯自制个超龄饮料,埃歇辰光,也经常拨我显宝一样拿出来招待来我屋里白相个同学。对奶咖个热爱是辣我中学以前就开始了,原来我个"早熟",还可以从口味高头来追溯。

假使要勒辣茶饮里向拣,除脱珍珠奶茶,我最欢喜个,还是红茶。一直觉着绿茶忒清高,是孤芳自赏个雅士气质,勿大容易亲近。而红茶是容易亲近个,有成熟个茶香,汤色也漂亮,暖红暖红个。小个辰光选择有限,经常用立顿袋泡茶,勿加糖勿加奶勿加柠檬,清打清,够简单,也够平民。挦种饮用习惯延续到现在,辣难般点茶饮个辰光,通常不会忒讲究茶叶个来历高低,原味红茶就蛮好。不过,熟悉我个朋友侪晓得,自从我三年前头下定决心长期节食以后,每天中浪向个挦顿,基本就是一杯无糖珍珠奶茶了。啥?减肥还要吃奶茶啊?多吃奶茶勿灵个呀!葛末我要讲咪,我只吃奶茶勿吃饭个呀,再讲末,人总归侪要死个呀!

其他

本来写到此地,接下来应该是要挨着"辣"了。但是呢,辣我个童年时代,辣个菜基本是勿进门个,所以就省略勿写了。倒是还想起一桩帮酒有关系个小故事,戆也是蛮戆,靠十岁横里,有一年吃年夜饭,屋里向大人赶时髦,准备了香槟酒。辩是我第一趟尝到香槟个味道,伊勿像其他酒,要末辛辣要末苦涩要末像中药,香槟吃起来交关好上口,乃末乘了大人勿注意,我自家自说自话倒倒吃吃,推扳眼拿自家灌醉脱。至于我后来一度成为酒鬼个事体,毕竟也勿是童年个回忆,也就勿多讲了。

(来源:麦唐作)

难忘个"绿色年夜饭"

作者：朱少伟
改编、朗读：麦小姐

旧年个年三十夜，我帮几位老早农场里个同事一道开车子回崇明岛。

开过了隧道脱大桥，勿多歇，阿拉就到农场了，然后寻到了一直保持联系个阿金伯。埃个辰光，阿拉辣此地"修地球"，虽然天地广阔，不过，平常田里个生活也是蛮多蛮重个，放假呐，也呒没啥白相，亏了有阿金伯极尽所能个照顾，让阿拉心里向觉着交关温暖。

记得有趟场休，阿金伯晓得阿拉吃厌脱了知青食堂个"老三样"——炒青菜、酱油黄豆、冬瓜汤，乃末迭为邀请阿拉夜里去伊个茅草房里"改善伙食"。吃个物事末，侪是到田里去"就地取材"个，结果一分洋钿也呒没用，大家就吃着了一顿实实惠惠、称称心心个夜饭。从迭趟开始，"自助式聚餐"变成功了最受阿拉知青欢迎个集体活动之一。不过回到市区以后，辣份乐趣就勿大容易体验到了。虽然三十几年一晃而过，但每趟回忆起来，仍旧是历历在目。

就像辣歇，阿金伯立辣小楼前头对阿拉讲："少伟打电话来讲侬搭要来吃年夜饭，我开心是开心得来！不过，伊反复关照我，千万覅事先准备啥个菜，等㑚来自家弄，否则就呒没劲唻！"

阿拉先到阿金伯屋里坐了坐，茄脱了一歇，听老爷叔介绍了伊对辣顿"自助式"年夜饭个"设计方案"脱"工作分配"。然后，大家就抄起几把锄啊锹啊，朝田里跑去，一边跑一边还哼起了小调，脚步轻松，心情轻松，连得太阳也来帮忙，晒得大家浑身热烘烘。

几个老朋友讲讲笑笑，勿多歇就跑到了东横头个河滩边浪。阿金伯凭伊个经验选好位置,指挥勇华脱国忠挥锹挖泥,辣两头筑起土坝;挨下去,伊又让我、春海还有仁栋卖力个用粪勺朝坝外拷水,水位慢慢叫降低,河底也露了出来。乃末,阿拉长筒套鞋着好,一个个跳进干脱个河床。我帮春海、勇华负责捉鲫鱼捉黄鳝,虽然河鲜们又滑又投,不过,一歇歇功夫,也装满了一竹篓。国忠用两只脚去踏河底个烂泥,踏下去,假使踏着硬绷绷个壳末,就说明下头有蚌,可以挖挖看。伊额骨头瞎高,挖法挖法,挖着了一只老老大个蚌,伊兴奋个举起来拨阿拉看:"㑚大家看呀,𠳝只蚌里向讲勿定还有珍珠㖏!"旁边个仁栋,伸手辣烂泥里向摸来摸去,一摸就是一大把螺蛳,满满当当个盛了一篮头。伊有眼感叹个讲:"哎呀,像迭能壮个青壳螺蛳,我是常远勿曾看到歇哉!"阿金伯立辣边浪向做后勤,相帮了接接手,看到阿拉侪介着力,也开心得哈哈大笑。

我看到大家侪有了勿少"战利品",刚刚想喊伊拉准备收工回去,阿金伯看到河滩边头个蟹洞,伊讲:"干脆再弄眼老毛蟹哦。"𠳝只提议孂个呀!我马上想动手了,又生怕洞里向有水蛇,就先寻了根树丫叉伸进去探探路,还好,里向呒没啥动静,乃末我就放心伸手去摸了。喔唷,摸到蟹背了,勥急,先搯牢,再慢慢点拿伊拖出来。嗯,只蟹个品相勿错,虽然是小模子,不过分量倒是重墩墩个,脐盖饱满,蟹螯浪向长满了绒毛,是正宗个"崇明老毛蟹"。同伴看到我"首战告捷",纷纷学了我个手势一道来捉,呒没几化辰光,就捉着了好几只蟹。辣回去个路浪,阿拉顺手还挑了一马甲袋荠菜,再加一捆茭白,侪是天然个绿色蔬菜。

天末一点一点夜下来了,阿拉几个一回到阿金伯屋里就直奔厨房间,分工合作,抓紧辰光准备起夜饭来。有杀鱼杀黄鳝个,有挖蚌肉轧螺蛳个,有处理蟹个,还有拣菜剥茭白个,各司其职,一团和气。等到原材料侪拣好弄好汏清爽,接下来烧菜𠳝只生活,就是阿金伯个拿手好戏了。

老爷叔辣灶头浪忙,阿拉几个插勿上手个朋友,只好蹲了边头吃茶茄山河。一阵阵个香味道从镬子里向飘过来,一歇歇功夫,烧好个小菜就陆陆续续摆上台子了:蒸熟个毛蟹,只只饱满,膏多脂肥;浓油赤酱个红烧野鲫鱼,肉头细洁,鲜香馋人;鳝段脱茭白侪是清炒个,清清爽爽,原汁原味;本帮炒螺蛳脱崇明老白酒是绝配,嘬嘬洇洇,赛过神仙;还有一大碗荠菜蚌肉汤,青如翡翠白如玉,看看也适意。大家一面吃,一面由衷个竖起了大拇指,侪觉着,辧顿自力更生个"绿色年夜饭"实在是忒有意思了,下趟定规要带屋里人一道来体验体验。老朋友们举杯共饮,互送新年个祝福,整间客堂间里充满了欢声笑语……

(来源:麦唐作)

过年个味道

作者：江礼旸
改编、朗读：钱乃荣

一到腊月，年味道就慢慢点浓起来了。吃腊八粥个辰光，作兴眼衣裳竹竿浪已经挂好了腊鸡、腊鸭咾啥，讲勿定还有酱油肉。隔壁张家好婆屋檐下头，还有一条用筷撑开来个鳗鲞辣海！明朝礼拜日，姆妈叫我汏汏脚去踏咸菜。虽然有眼冷，不过想到老快就有得吃雪里蕻咸菜炒冬笋丝，过年还有得雪菜大汤黄鱼吃，勿由得一脚一脚踏下去，来得个起劲。屋里向兄弟姐妹多，有家务大家抢辣海做。再讲是为了过年做准备，啥人会勿卖力做呢？

腌、熏、酱、腊之外，还要预备一眼糟、醉。大姨姆妈老早就送来糟鹅肉啦。姨爹开糟坊，糟是副产品，还有装辣布头袋袋里个白糟，让阿拉姆妈拣几样自家欢喜个糟。姆妈拿一块夹精夹肥个肉脱仔半只鸡煮熟，趁热擦一眼盐，切成几大块，一层鸡或者肉，一块糟，装辣布头袋袋里，摆辣辣干净个乳腐甏里，糟好个鹅摆辣顶上面，要吃个辰光，拿一块出来，改改刀就可以了。

醉个物事，就是醉麸了。买一块烤麸来，要凭票买个。烧熟，拿酸水捏脱，清水里向过一过，再捏干，扯成小块，勿好用刀切个，装辣辣钢宗镬子里向，用破棉袄盖上去，过几日天打开来一看，发白花了，就拿出来装辣大玻璃瓶里，花雕酒、盐开水浇下去，花椒撒一把，过了十日半个月，就可以吃了，蛮咸个，不过鲜得勿得了，过泡饭一级了！酱园里也有得卖个，不过，姆妈从来勿正眼看一眼。姆妈讲："龌龊来兮，鲜头侪拨伊拉自家吃脱了啊！"

蛋饺、肉圆一般要到腊月廿八、廿九，甚至年三十当日下半日辣煤球炉旁边忙。做蛋饺先要打好全蛋液,调好肉馅头,手里拿一只铁勺,坐辣煤炉旁边,煤炉浪向搁一块板,保持小火。一切就绪,舀一小调羹蛋汁,铁勺转动,让蛋汁铺开去,用筷适时拿肉馅加上去,恰到好处,就拿半张蛋皮翻过去,辣四边压一压,使之成型。姆妈手艺邪气好,老快就一大盘蜡黄个蛋饺做好了。我辣辣旁边馋唾沫水潺潺渧,想偷吃一两只。姆妈警告我:"里向个肉侪是生个,吃下去人要发痴个。"我勿想发痴,只好搭牢强烈个馋念头,馋唾水干咽。肉圆也是一个个生个搓好,吃个辰光临时辣鲜汤大滚辰光氽进去,比预先蒸好定型个更加鲜。

还有两样重要个预备,就是猪油馅团脱仔水笋烧肉。汤团有皮脱仔馅头。皮是水磨粉做成个,糯米要浸泡好,要问人家借磨,大家轮流推磨,糯米粉带了水落辣面粉袋里,积多了吊起来控制水量,再摊开来阴干。馅子是猪油加芝麻粉,再加糖做成。上好个猪板油,细心剥脱膜,用绵白糖腌制。芝麻粉现成有卖。吃个辰光擀好皮子,拿芝麻粉团包进去,加一小块甜个猪油,辣开水里下熟,盛辣碗里向,一口咬下去,当心猪油溅出来烫伤下巴。

水笋是用笋干摆辣水里向发好个,笋干是婺源寄来个,勿舍得吃,现在派着大用场。先辣清水里泡发,乃等切笋个人来。切笋个人像"削刀磨剪刀"个人一样,肩胛浪背一条长凳,不过主要个器具是一把大铡刀。一大盆笋干,一歇歇就切成功一堆水笋了。当年心里向辣辣想,水笋是呒没啥营养个,只会刮油水,为啥大家侪要吃?仔细想想,大约是脱肉一烧,就好沾点肉味道,延续好味道。另外,水笋交关脆,也可以让牙齿多磨几趟,增加齿感享受。葛咾勿但年菜里有水笋烧肉,浦东老八样里也有水笋扣走油肉。

备年货,最重要个是采购。虽然讲辩个辰光鸡、肉、鱼、蛋、粮、油,包括蔬菜侪要凭证凭票,但也是一样一样买进来,贮藏好。呒没冰箱,就要精确计算好购买辰光,以免变质。除了票证,也有一眼年货是凭购粮证供应个。假使票证落脱,辩个年就过勿成了,只好对伊哭,看辣海眼泪汪汪的大小"嘴巴",当家人真可以一头撞死个。各种各样个年货侪要排队,放寒假个学生仔,成为排队生力军,责无旁贷。人手实在勿够,砖头、破篮头侪是"替身"。姆妈除了周详计划排队辰光,还要眼看四处,耳听八方,看看阿里搭有勿收票、少收票个外快货,勿失时机买回来,像勿收票个橡皮鱼、马鲛鱼,买回来煎煎炸炸,年前也好吃。三角五分一斤个阔带鱼过年吃,狭狭细细个小带鱼少收票可以平常吃,还有少收票个碎壳蛋、冰蛋,勿好煎荷包蛋,可以做蛋饺,重要个是伊少收票。白年糕用粮票买,糖年糕凭糖糕票买,还分大户(4人以上)、小户(4人以下,含4人),侪勿可以忘记,糖年糕切片以后脱红枣、赤豆一道烧汤,年初一早浪向吃,寓意"早出头,年年高"。

辣个辰光个"节"不比现在多,情人节朆没听说,圣诞节是勿敢过个(教徒除外),但是也有现在勿过个祭灶节,腊月廿三送灶,年三十迎回来,让灶君老"上天言好事,下界保平安"。腊月廿三有糖食"祭灶果"吃。我祖籍婺源,腊月廿四是阿拉婺源人要过个"大年"。"大年廿四",按说要比年还大,凡是备好个年货酌情拿一点出来吃吃,也要祭祖,是勿是年夜饭个预演? 备考。不过,吃力了大半个月,等到吃年夜饭,也不过尔尔了。对年味道而言,目的也是朆没过程重要了。

谈"山海经"

作者：唐位位
改编、朗读：麦小姐

记得我小辰光，有一个邻居住了8号里，头发白了一半，脚末有眼跷，看到人家总归是一面孔笑，笑得相当理亏，就像自家欠人家多，还人家少一样——辫是"文化大革命"吃轧头，天天扫弄堂扫出来个后遗症——但是一双手伸出来雪雪白，节头骨笔笔直，虽然走路走大勿平，腰板倒是直骨挺硬。

伊拉屋里向一直老闹猛个，我也欢喜跟了阿叔、孃孃个屁股后头去白相。伊对阿拉辫排小鬼头一视同仁，看见我就讲："来啦，来谈谈'山海经'。"

"阿跷爷叔"辫只称呼，是从"文革小将"嘴巴里"阿跷"个叫法延续下来个，伊笑纳，一眼火气也朆没，文绉绉个人，粗俗个绰号，也算是一种"混搭风格"。伊拉屋里，留声机开辣海，有一支巴松辣里向迟迟叫个吹，丝绒一样个质感，只音色，真像是从储藏室里搬出来个老红木家生，拿灰尘一眼眼掸脱，就慢慢叫显出了包浆，赛过下半天灰色个天空突然旺出日头来，弄了一房间个人只只耳朵痒丝丝，心思也侪活络起来了。

6号里个"乌贼鱼"讲起伊辣辣黑龙江碰着个小姑娘："皮肤雪雪白，头发金黄，蓝眼睛，我当是伊外国人来，想勿到一口北方言话，我看了戆脱了，伊问我借了一本小说书，到现在也朆没还拨我……"

"辫个是混血儿，有罗宋人个血统，漂亮、智商高、有艺术气质，"一头讲，"阿跷爷叔"一头吹了吹氽了玻璃杯表面个茶叶，吃了一口，郑重其事个讲下去，"还好，小姑娘就借了侬一本小说书，假使伊欢喜侬个说话,葛末,侬肯定是回勿转来了。"

"回勿转来就回勿转来,假使伊吃煞我爱煞我,葛末就算一辈子勿回上海,我也情愿个!"

"乌贼鱼"个眼神飘了起来,本来想拿眼神光穿过木格窗角落头个蜘蛛网,一直飘出去,飘到云里向。结果,半当中拨另外一条光线接牢,木知木觉,两条眼神辣辣虚空里打了一只活结——原来缚牢伊个,是对过楼浪个珊珊,似笑非笑,眼睛里汪起一面湖水……

留声机里,巴松吹好了,一管箫,呜哩呜哩个吹起来,听得人神志无主,恨勿得魂灵头也跟牢仔箫根高高低低个声线,飘到某一个荒无人烟个地方……

"讲桩杀人悬案拨俫听听好哦?"3号里个"扁头"开腔了,我刚刚辣辣眼闭瞌眬,辣末生头背脊骨一冷,魂灵头又归位了,"我辣辣贵池钢铁厂个辰光,有一个同事拨人家杀脱了。阿拉厂辣深山老林里向,辩位老兄半夜里中班下班,辣辣山路浪走,一个人也呒没,只有一只野猫,伊走到阿里就跟到阿里……"

"慢慢叫,慢慢叫",我正好听得最扎劲个辰光,"阿跷爷叔"发调头了,"侬迭只故事慢慢叫再讲,小朋友辣辣,侬再讲下去要吓死囡囡个,看呀,连得珊珊也已经吓得来面孔夹爊势白了。"

"我要听个呀,我勿吓个!"珊珊强烈要求听下去,"'乌贼鱼',侬坐过来眼呀,否则我要吓个呀。"

"我也要听,我也要听,我胆子老大个!"我越是吓越是要听,外加正好紧要关子,哪能好停下来呢?

"囡囡乖噢,""阿跷爷叔"变戏法一样剥了一粒酒心巧克力摆辣我嘴巴里,面孔倒是蛮严肃个,弄得我勿敢再响,"辩排事体小姑娘听了夜到要做乱梦个,假使侬半夜里吓得哭醒,俫姆妈要来搭我寻相骂个呀。葛末侬下趟就勿好再到此地来白相咪。侬还要听哦?要听,我就叫'扁头爷叔'讲下去好咪……"

"勥听,勥听,嘶……"我表态还来勿及表清爽,嘴巴里酒心巧克力个汁水倒是流出来了。因为伊个糖分实在忒足,流到一半流勿动了,辣下巴浪向荡法荡法,嘴巴里末,一股高粱味道滑到喉咙口,稍为还带了眼中药个香气。现在回想起来,我敢肯定,自家埃趟吃着个是竹叶青口味个酒心巧克力。

"好,现在我要拨俚听一只新曲子——比才个《阿莱城姑娘》当中个《小步舞曲》,是用长笛吹个。""阿跷爷叔"一头宣布,一头跷到留声机旁边。

留声机里吹箫个朋友歇搁了……

只看到一束银光辣眼门前一晃,随后,山泉一样清澈个声音流了出来……

谈"山海经"实际浪就是茄山河。一帮人坐辣辣,天南地北,东奇西怪,文艺爱情,神话灵异,想到啥讲到啥,让自家个思想天马行空,实在是忒享受了。可惜,现代社会空谈勿吃香了,我末,也只有空想想老早谈"山海经"个辰光了。

舋能个辰光,弄堂里向大部分人侪辣辣睏中觉,只有"阿跷爷叔"屋里向谈"山海经"个朋友醒辣海。西晒个日头一歇歇就晒进来了,坐辣背光个地方,"阿跷爷叔"个面孔越来越看勿清爽,大人喊小人"吃夜饭"个声音倒越来越响亮……

要转去了,一下半天个辰光过了忒快,让我想到一句老言话"春宵一刻值千金",比喻勿恰当就勿恰当好了,反正舋就是我真实个心情。

(来源:麦唐作)

荡马路

作者:钱乃荣
朗读:钱乃荣

　　上海人欢喜荡马路。因为上海交关马路浪吸引人个商店开得一家紧挨一家,接连勿断;因为从上海个弄堂一走出来就是马路,出脚邪气便当;因为马路浪向各种衣着、姿态个人,新鲜、时尚个物事,勿断变换,吸引眼球;因为马路是心情放松、游乐休闲、时尚领略、新潮追逐、知识增长、靓物发现、看到仔就可马上自然买个、坐下来就好吃喝歇息个好地方;观看来来往往个各色人群,欣赏千变万化个街景,了解降价促销个商品,甚至体验高科技带来个新鲜场面,即时即地会得到意外快意,㑚个侪是荡马路个收获。所以,欢喜多元博采、热爱五彩缤纷、享受多样性生活乐趣、崇尚发散性思维、热衷发现新生事物、捕捉开心一瞬间个人,特别欢喜荡马路。

　　荡马路可以是随心所欲,漫无目的。有辰光我走出门去,任凭自家个脚走到阿里就阿里,几化自由自在!荡马路个轻松逍遥、适意爽快,是我调节心情个最佳选择,辣紧张工作之余,是舒缓精神个顶好办法。

　　荡马路可以辣饭后茶余,朋友结伴上街,陪同伴游览市容,欣赏上海个近代建筑脱海派风情。荡马路也可以是有目的个购物,货比三家。有辰光兼及其他商品,无意之中会买着更加称心满意个物事。姐妹道里一道去荡马路,过去哪怕拣丝线也会拣个半日,拣布料也板要东拣西挑,现在荡名牌店一家出一家进,像参观展览会,一条马路看过来,作兴一件衣服都呒没买。夫妻俩荡马路常常重复去彼此熟悉个马路告商店,重新辣辣实惠个或者有情调个商店,看看今朝有眼啥个便宜新物事。情侣道荡马路,穿了时尚潇洒个服装,一出去就春心荡漾,尤其是女青年,引领女装潮流,着了露脐装迷你裙,套了象鼻袜复古鞋,搀了男朋友指鹿指马瞎七搭八,嗲得呒没言话讲,带来无穷个回头率,㸚个本身就是一出炫丽个街景。荡马路是谈恋爱脱仔增进朋友友谊个最适宜个形式。

夜里向辣苏州河边马路浪漫步,好看万家灯火。两岸个高楼辣灯光个点缀下面,格外壮观、明亮。横跨个大桥各有特色,勿时有船从桥下头穿过。就辣河边个长椅浪向坐一歇哦,㸚能样子个马路荡得也实在舒心。著名音乐家陈歌辛个一首《苏州河边》名曲唱个就是㸚种心情。

节日里一道去荡马路是轧闹猛。从中学开始,每年国庆节,我总归会得约要好同学一道去人民广场,再沿了南京路走到外滩轧闹猛,看节日个灯景告焰火。当年漂亮个灯景勿像现在,是一串串电灯泡拉起来个,别有风味,只有国庆节㸚个夜里向再有,所以也特别激动期待。讲讲看看,嘻嘻哈哈,放眼欢乐个人群,真是快乐无限。有常时到第二日清早四点钟辣外滩乘刚刚出厂个第一班有轨电车叮叮当当回到屋里向。国庆看灯看焰火㸚个习惯一直延续到我带我个囡儿,再到带我个外孙囡去看,立辣屋里晒台浪看烟火,比隔靴搔痒还难过,一定要一头轧闹猛一头看街景一头看焰火,再到商店里弯弯,葛末叫煞根!

曾几何时,上海经历过一市三治,建筑多元、人口多元、人种多元、宗教多元、语言多元、教学多元、报刊多元、饮食多元、服装多元、文化习俗多元、娱乐方式多元个环境,㸚能介个氛围必然产生杂交优势,创新告标新立异也勿足为奇。上海人见多识广,选择爱好也多种多样,白相得来有声有色,有滋有味。当年个风情,绵绵延续至今,洗刷勿尽个铅华,还是㸚种上海味道,大家还是欢喜走到各自欢喜个地方去欣赏去休闲。

走过淮海中路西面个华亭路、东面个柳林路,就自然联想起改革开放初年个闹猛情景,我有过好多趟来探寻服饰、品味新潮,㸚个是辣辣快速流动个异常活跃个市民文化。走过成都南路，我会想起辣辣50年代后期孵个勤俭度日修修补补勿得勿做人家个岁月，孵面特地设立了一条修理街，分布了20多家小店，洋伞、面盆、铅桶、衣物、无线电咾啥，各种生活用品，侪有修补个地方，商店提倡为人民服务，店主老师傅充满耐心。走过城隍庙闹市个边缘，我常常欢喜踱进一条小路，望望一条细细个弄巷，看进去孵个纵横交错个竹竿浪，挂辣色彩斑斓个"万国旗"；沿街个大太阳下，一根根绳子浪，晒辣海一条条勿同色彩个被头，旁边个老太太坐辣竹椅子浪向伏太阳讲张。进进出出个"马大嫂"拎了小菜篮头辣讲老派上海言话，窗口里还传出收音机里滑稽戏个南腔北调。

  老年人、青年人欢喜荡岳阳路、汾阳路、东平路、桃江路、湖南路咾啥，孵个几条宁静温馨个路，最适宜独步。老年人怀了闲适个心情，常常抬头望望一幢幢风格各异个洋式建筑，如数家珍辣回访昔年留下来个各种街景，一面慢走一面怀旧，往事如烟飘零就是伊拉个谈资；年轻人踱步到孵搭，是满怀个小资情调，最好是辣细雨蒙蒙个季春，着了单薄一点个宽衣，辣孵里向个绿阴下洋房边，寻觅波西米亚个心情，再到转弯角个咖啡馆里去坐坐，辣落地玻璃窗望出去看外面个风景，再辣小笔记本电脑浪向拿文章写下去，实现极品生活风情脱仔幽雅心灵个满足。情侣们走辣幽雅、静谧个东平路浪，聆听到屋里向传出来个钢琴声，平添愉悦个心怀，别有情致。再穿出去，就到百岁法国梧桐笼盖下头个"酒吧一条街"衡山路去坐坐，好充分欣赏欧式建筑告世外桃源个格调。

  思南路也是一条僻静幽雅个小路，有成排个深深个庭院，布满了花园洋房。我小学里同桌个同学就住辣"息庐"3号里，我去过伊屋里向，所以老小个辰光就欢喜到思南路去白相。初中一，我有两个同学就住辣复兴中路口个思南路75号到95号个弄堂里个花园洋房里向。孵个辰光，学堂里分两部制上课，阿拉是上午班，下半日就常常到81号个刘国光同学屋里向去做功课。记得辣伊屋里个大草地浪背"文学"课个《从百草园到三味书屋》："高大的皂荚树，紫红的桑甚……"，我抬头仰望屋顶浪向高大个桑树、斑驳个天空，暗暗出神；又辣伊屋里向客厅里向，辣课本浪向做"汉语"课个划主谓宾、定状补个作业。作业做完，功课复习好，就一道种月季花，用气枪去打草丛里向钻出来个癞蛤巴。辣个一些经历侪对我个一生有明显个影响。辣个辰光，一些显赫一时个大人物大多从辣条马路离去，洋房里住个倒多数是家道好个百姓。我每日侪辣荡发荡发，从刘国光个屋里，走过半条思南路，认识各种树木花草，欣赏从51号到95号个法国式、英国式、西班牙式个花园洋房个姿态，当年采集个交关花瓣、树叶，至今还睏辣我个植物学课本里向，已有六十几年了。过了一个甲子，再来看看辣些东东，勿禁叹息人生之短促了。"文革"开场，伊搬走了，但是我还会常常跑到思南路，昔日个声音、笑貌、搀手、拥抱辰光个童心，侪徘徊辣我个心底。今朝我当年走个辣条路线个房子，又开放打造成为一个新个"新天地"——"思南公馆区"了，八种风格个洋房修饰得更加精神，就是各自吮没富有想象力告活力个草地了，显得有点单调。位于重庆南路248号到252号个辣幢老宅，辣保持原来风貌个基础浪向改装，变得华丽起来。辣搭曾经有好几个我小学里个同学居住辣海，平民百姓，勿晓得搬迁到啥个地方去了！

"外地人欢喜荡南京路，上海人欢喜荡淮海路。"辣个是上海人个一句口头语。实际浪向，是讲了辣能样子个一个长期存在个现实。南京路紧连了外滩，过去又叫"大马路"，辣大家心目当中，一直占有"拿摩温"个地位，一路浪向高楼最多，又连到俯视中国告东亚49年之久个24层楼个"国际饭店"。南京路拥有四大百货商场高楼，当年出售个货物齐全，拨行情行事外地来个人琳琅满目、一饱眼福个感受。现在也是一条上海个名牌店聚集个马路，自有伊个上海派头。当年交关外来者，侪要来采购上海出产个乓乓响个轻工业产品，还有各种优质商品，侪要到中百一店、第一食品商店咾啥名店去，所以上海南京路就名扬四海，即使是辣70年代吮没开放个辰光，南京路浪也走辣海勿少外地出差个人。淮海路就有点勿同，伊原来是法租界个最繁华个路，当年个遗风一直阴魂勿散。法式个食品、服饰，尤其是伊个艺术文化氛围,遗传延续下来,勿断闪光。淮海路好像巴黎个香榭丽舍大街,小资又洋派,细微处见大方,中西融合个新时尚往往会辣淮海路浪向老快老新个流行起来。即使辣"文革"时代,一眼小资先锋,侪会拿当时有限个阿尔巴尼亚、南斯拉夫、朝鲜影片当中个男女穿戴个服饰,自家辣缝纫机浪向做出来,大胆穿戴到淮海路浪去出风头。勿过一歇歇,自有年轻人马上跟上去,辣别个路浪向走勿配个,辣淮海路浪向就着得出,还会蔚然成风。所以,淮海路是平民自动化个时装发布场所。青年人,辫点热衷引进时尚、学习时尚个人,侪要到淮海路去,市面领领,西菜吃吃,电影看看,不亦乐乎。我小辰光读小学四年级辰光,有一次爱娣带我去荡马路,是从重庆南路走到淮海中路思南路勿到桃源坊隔壁个博览书局为止,眼界大开,从此就吙没关过,跟上去了,后来就脱淮海路有了勿解之缘。尤其是我年轻辣奉贤做教师个辰光,每周周末回家,第二日礼拜日,就夫妻两个人去淮海路荡一个上半日个马路,有了女儿之后,就三个人一道荡。辫个辰光是70年代,只有淮海路好像还有点活气,新个衣饰时尚打扮依然辣淮海路浪先流行。阿拉走个路线,就是勿断重复我小辰光第一趟荡马路个路线,走到思南路口,就辣对面个"庆丰熟食店"里向买一点熟牛肉,回到屋里去,摆点卷心菜、洋山芋脱番茄烧罗宋汤吃。80年代我太太调进向明中学教书,中浪向我每日送伊去上班,回来个路浪向就走辫段淮海路,看看新华书店、上海书店脱报刊门市部,总有一眼新鲜个内容可读。有空个言话,从雁荡路进复兴公园走走,坐下来再看脱《中国语文》浪向个一篇论文,再从复兴中路个门出去回到屋里向,两点钟光景,就开始写稿子。

　　文人依然欢喜福州路,辫条老上海个"四马路"。辫搭里曾经是书局、报馆、出版业滥觞之地,酒楼茶肆梨园舞台,五湖四海食文化,万国药品,20世纪30年代,20万文人曾经居集辣辫搭。现在仍旧是文化大道,最有书香气。辫条马路是我除脱淮海路外去得最多个马路。老早辣读高中个辰光,礼拜日,我常常乘5路有轨电车到浙江中路下车,就步行走到福州路个上海旧书店告古籍书店去看书买书,还从小马路穿到南京东路的"朵云轩"去买宣纸、扇面脱仔旧个碑帖，觉着老有味道。有常时还附带辣福州路个名店"稻香村"里买一只刚刚出炉个鸭肫干，三角洋钿，当时还觉得贵，但是辣60年代初辰光吃，鲜味无穷。后来1962年进大学以后，周六回家，常庄要弯到福州路去看看，我当时个文房用品几乎侪是辣辣荡福州路个辰光买来。现在还是常常去个地方，到上海书城去买书买唱片，到古籍书店、艺术书店东走西荡，辣辢搭地方还闻得到书香味。

情人们欢喜荡鲁迅公园旁边个甜爱路，辣法国梧桐密密个绿树个覆盖下面，一双双情侣卿卿我我。整修过个粉墙浪向写辣海爱情格言，见证伊拉个爱情。走过甜爱路再弯到同心路走下去，伊拉两个人个恋爱作兴上了一个台阶。

外国人欢喜田子坊、新天地、仙霞路、城隍庙、朱家角。辢些地方有上海个传统，又有最新个洋派情调。田子坊是曲曲弯弯连成一片个下只角小弄堂，过去是轧来死个平民居住区，又有交关老厂房，现在改造成功既有住户，又有老多勿同风格个小店个共享空间。辢搭，有创意灵感，有奇思妙想，有艺术设计个工艺品、画廊、古玩商铺，有吃咖啡聊天个后院凉棚，有工业文明个沧桑感，有创意新产业个集聚风光，有阳光屋顶，有小板凳眼衣裳竹竿。新天地有上海历史文化个轮廓脱仔内部空间个现代化，有中西合璧个石库门，有21世纪个生活方式告节奏，是上海个历史辉煌脱新时代个情感世界，吸引了外国人流连忘返。

大上海个马路多元而深长，最具有大都市个气场，荡马路顶好看个是上海人荡马路辰光个各种陶醉模样！

油而勿腻

作者、朗读：麦小姐

林夕2012年出了本叫《知情识趣》个随笔书，我也是最近再拆封来看个。还是伊一贯个冷淡风格，讲讲现象讲讲道理，辣里向夹进自家个观点脱态度，并勿冗长。我一早就做好了心理准备，林夕个书帮伊个歌词是两桩事体，虽然讲伊也勿是每首里个情绪侪大起大落，但歌词，多多少少有只湿润个底子，而伊个随笔是偏干性个，勿浪漫，勿华丽，倒有眼"硬碰硬"个摩擦感。我真欢喜这只书名，"知情识趣"，当初买书也是佬牢辣只名字去个。我觉着"知情识趣"是人际交往当中一项老"加分"个品质，首先要懂得管理好自家，然后时时照顾到对方个感受，继而让辣只沟通个过程，能够既彼此体谅，又互有收获。

书里向有篇文章是关于"人情世故"个，林夕觉着辣个词现在个常用意思有眼拨歪曲了，伊还讲到了自家一个深谙此道个朋友，伊交关欣赏辣位朋友身浪向个埃种"外圆内方"个好素质。看到辣搭，我想起旧年流行过个两只"网红词"——"老司机"帮"套路深"。"老司机"是形容一个人各方面个经验见识侪邪气丰富；而所谓个"套路深"，是形容一个人勿但经验丰富，还头子活络精于算计。辣两个词，分别类似于上海人经常讲个"老吃老做"脱"门槛精"。尤其是"套路深"，虽然看起来触气，但本身倒未必是个贬义词，反而有点"虽然我弄勿过侬，但仍旧买侬账"个感觉。

等辣两个词拨用滥了以后，前抢又出来一种讲法，叫"油腻"，是用来形容一个人虚荣浮夸个内心与外表个，刚刚出来个辰光，专指某些中年男人个特征。乃末，我由此又想到了一个上海人蛮欢喜用个词,叫"清爽"。比方,一桩事体做了到位,阿拉讲"生活清爽";思考问题有条有理,阿拉讲"思路清爽";一个人长相端正气质干净,阿拉讲"辂个人长了蛮'清爽相'个",等等等等。所以我觉着,"油腻"帮上海言话里个"清爽",正好是相对个,翻译过来差勿多也就是"乌里买里"个意思了。

再往下头分析,结合网高头罗列出来个介许多"油腻者特征",比方手串啊、唐装啊、张口闭口"啥个啥个文化"啊,我从辂里向,看到了最近几年势头老旺个一种现象,叫做"媚雅"。

阿拉先勿去讲啥个中年人哪能哪能,随便翻翻朋友圈,一日到夜欢喜"晒文化"个年纪轻个朋友,比比皆是。今朝带小人去参加古琴班,小人末,勿是穿了像书童就是扮了像丫头,高山流水弹起来,嗲嗲嗲;明朝来张手串个微距特写,要末是"星月""金刚",要末是紫檀、崖柏,甚至还有沉香、黄花梨咾啥,板要搭点"老腊鸡油黄""凉山宝山""高瓷玉化"个配珠,乃末再写句言话:"一盘三年,一见如故。"后日稍微低调了点,拍块茶饼再加只薄胎小茶盅,配句言话:"人生温良,汤色如酒。"葛末大后天呢,喔唷,大后天齐巧礼拜六,忙煞哝,上半日看画展,下半日听讲座,夜到还有场音乐会……

"风雅"本身是好个,侬欢喜、欣赏、学习、研究侪一点问题也呒没,朝大里讲是文化修养个提升,朝小里讲,也是生活情趣个培养。但前头如果加了一个"媚"字,辂只味道就有眼变脱了。老早阿拉经常用"媚俗",意思是盲目追求比较世俗化个时髦元素。现在,拿"俗"调成了"雅",看起来像啥多了一只"文化"标签,但实际浪向并呒没式大个区别。

有交关"雅"个物事,伊之所以"雅",是因为里向含有一种个"内秀"个品质。举只例子,比方讲古琴,辂应该算是民乐当中顶"雅"个了哦,于山水,与知己,三五对谈,兴起而作,是一种接近"超然"个艺术形式。而勿是像现在排爷娘们,看到同事同学侪辣学,也勿管小人自家啥个意思,总归勿好落辣人家后头个咾,乃末英文、跳舞、画图、古琴、跆拳道……最后来只汇报演出,几十个小朋友一道合奏,人家

"吉他"好像也勿搿能个哦……当然,阿拉勿好讲"油腻"是因为跟风而起个缘故,但"跟风"跟得忒紧,难免吃到一鼻头个"灰",人家看了烦,自家也衰瘆了要死。

所以我觉着,所谓个"油腻"勿单单是指某个年纪阶段个群体性特征,更泛指一种"光环感过剩"个人生态度:主见勿大,意见勿小;力气勿大,脾气勿小;时时借了人家个"面具"来戴,但内心却比外表更加空虚。最后再扯一句,唐厂长一本正经问过我,伊到底算"油腻"哦?乃末我也一本正经个回答了,我讲伊是个"油而勿腻"个"老司机"(除脱胖了一眼)!此地个"油而勿腻",也就是林夕所推崇个"外圆内方"个品质,懂得做人个圆滑脱变通,但内心里仍旧有自家个坚持脱原则。搿样子个人,或许,再是真正活了"头势清爽"个人。

(来源:麦唐作)

小矮凳

作者：程小莹
改编：麦小姐
朗读：柳钟晔

上海人家，其实大多数过日脚还是蛮吃力个。日常生活当中，家生上头蒙了灰尘，用得最多个，是一只鸡毛掸帚；屋里向小囡多个，传得辰光长个，还是一只小矮凳。埃个辰光，从小矮凳个数量，可以看出迭家人家小囡个多少；小矮凳个年数，也能大致反映出来迭家人家辣辣上海过日脚个年头。

我从小用个是一只带靠背个小矮凳，辣我用个辰光，是漆成绿颜色个，弄得像幼稚园里向小朋友用个，所以有个小朋友讲迭个是从幼稚园里向偷来个。后来漆成了蓝颜色。

夏天介，小囡会得剥毛豆。迭个剥毛豆呢，就是坐辣小矮凳浪头个；乘风凉，小矮凳就经常要拎进拎出。小矮凳个分量勿重，正好是一个小囡个力道，落雨天，还可以顶辣头浪向逃回来。顶早晓得个鬼故事侪是坐辣小矮凳浪听来个。还有啥个四国大战啊、廿四点、通关、争上游、抽乌龟、大怪路子、钓鱼、接龙等等，几乎所有个棋牌游戏，也侪是坐辣小矮凳浪被启蒙个。

小辰光还要参加"课外学习小组"，也叫"小小班"，就是放学以后，大家拎一只小矮凳，到一个屋里向比较大个同学屋里向去做功课。大家拎出来个小矮凳呢，也是各式各样。常见个是面子长方形个，也有圆形个，当然，下头侪有四只脚。我个靠背小矮凳呢，的确是比较考究个，所以人家要讲我是幼稚园里向偷来个。我老受冤枉个！

我坐辣小矮凳浪头个姿势，永远会保持幼稚园里向头个姿势，两只手摆辣脚馒头浪。迭个已经养成习惯了。我从埃个辰光开始对自家个脚馒头记忆深刻,埃个俗称"脚馒头"个地方,是凸起来个,是老硬个,而下面个地方呢叫"脚窝窝",瓣倒是老软个。

还有一个我经常去个地方,是跟小矮凳有关系个,就是弄堂口、过街楼下头个老皮匠摊头。迭个老皮匠摊头面前呢,永远会有几只小矮凳,是拨来修鞋子个人坐个。我老欢喜坐辣老皮匠个旁边,看伊哪能修鞋子。来修鞋子个常庄是女人,我觉着老怪个,为啥女人穿鞋子比男人伤?甚至我也想过,以后长大了,我是会修鞋子个哦?

小矮凳是我童年个伙伴,伊陪我一道长大。

(来源:麦唐作)

夏夜最欢喜听鬼故事

作者：简平
朗读：渺渺

　　辣个辰光，我所住个新村里最大个场面，就是夏天介夜里个乘风凉大军了。每当夜幕降临，几乎所有个人，勿管男女老少，侪会从屋里倾巢而出，一手拎着凳椅，一手拿把蒲扇，到外头乘风凉，一摊一摊个人，拿整个新村个空地侪占满了。辣个辰光，勿管是大人个摊子，还是小人个摊子，最受欢迎个是讲鬼故事。
　　讲鬼故事往往重点勿是辣故事个本身，而是要讲得足够恐怖，讲得让人浑身侪起鸡皮疙瘩，辣就使得鬼故事勿仅需要添油加醋，更加要辣关节个点浪讲得特别夸张，有声有色。譬如，有人讲聊斋里鬼狐婴宁个故事，因为婴宁是个欢喜笑个小狐狸精，葛末，每次讲到婴宁个笑声个辰光，总是故意笑得阴森凄厉，令人毛骨悚然，而且笑个前头还要特别告示，让听个人做好心理准备。辣是老派用场个一个办法，让听个人觉着十分刺激，越怕越想听，欲罢不能。我自家每趟到辣个辰光，就拿两只手一直放辣耳朵边，如果实在吓人，就马上捂紧。
　　但是我后来自家读了婴宁个故事以后，才晓得其实婴宁个笑声并勿是迭能，是邪气让人动心个。
　　让我觉着奇怪个是，大家最欢喜听个是吊杀鬼个故事，而且吊死杀鬼永远层出不穷，也永远最吸引人。辣种鬼故事一般只重开头，结局好像吭没人关心，以致我发觉我乘了一个热天个风凉，有个鬼故事却往往侪停留在开头，讲个始终是吊死杀鬼吓人个样子。我好几次叫"后首来呢，后首来呢"，但是吭没人睬我，只是对一个瞪了大个眼睛、伸着长长个舌头个吊杀鬼惨不忍睹个样子一次次个叹息。我发现，原来大家对吊死鬼伲抱有同情心，认为世界浪个吊杀鬼伲是心怀冤屈个。我终于明白了，鬼故事里个鬼从来呒没恶鬼个，只有冤魂，各有各个苦恼。正因为迭能，所以大家才会喜欢听鬼故事、迷鬼故事，才勿会拨鬼故事真个吓得魂飞魄散，从此远离。

 羿天夜已经老深了，当乘风凉个我听完仍旧呒没结局个鬼故事后得大家一道散去，感觉老热个风的确凉快了老多，夏天夜里天浪个银河也邪气清凉。

（来源：渺如胭）

三十六只脚

作者：胡宝谈
朗读：胡宝谈

阿拉娘舅屋里头，有得六只光郎头，阿大、阿二头、阿三头、阿四头、阿五头、奶末头，头一只一只啥体介许多末，舅妈讲，迭个末，脱头勿搭界个呀，侪是俚娘舅"脚"出来个呀！

伊歇辰光，娘舅还是毛脚女婿小胡子咪，毛脚上门末，赛过打仗，左手炸药包——奶油蛋糕，右手机关枪——金华火腿，头颈浪手榴弹吊好仔——两瓶七宝大曲。丈人阿伯眯眯笑，好极好极。丈母娘看见毛脚出手介大，笑了更加捂心，一碗水潽蛋掇上来，塞到毛脚手里。"伲阿囡福气好个噢，三十六只脚板有了噢！"

嚊里三十六只脚末？一只一只数拨俚听噢，台四只脚、床四只脚、大橱四只脚、五斗橱四只脚、夜壶箱四只脚、四只凳四四十六只脚，阿是亨八冷打三十六只脚啊。

舅妈一听是，头沉倒仔，面孔涨了拘拘红，念头穷转咪，伊肚皮里头有数脉个呀，要买迭能一套"三十六只脚"个实木家生，七八百块，顶起板个。娘舅是三十六块万岁，一个号头工资末三十六块洋钿，也就是讲两年辰光勿吃勿用再买得起。

勥讲新家生咪，迭眼炸药包、机关枪、手榴弹，侪是娘舅平常日脚食堂里头吃玻璃汤吃出来个肉里钿啦，吃得来人瘦是瘦来，肋棚骨浪老早开仔音乐会——筋骨弹琵琶咪。

玻璃汤勿上台面，讲出来末，吪没落场势；勿讲末，人吃勿消，玻璃汤吃勿准吃到几时咪，算了，舅妈念头转停当了，还是老老实实讲哦。啥人晓得伊还吪没来得及开口，娘舅嘴巴里水潽蛋吃得来呼呼烫，两根肚肠也烫来热昏噢，听见丈母娘发调头，伊马上掼浪头，只口是开了比西郊公园狮子还大："勿要话三十六只脚，七十二只也笃定！"

丈母娘听见仔是眯花眼笑，待伲阿囡真叫好，单不过亭子间做新房，赛过螺蛳壳里做道场，七十二只脚儿也儿勿落，三十六只脚弄弄，弄弄哎。

弄得好啊？弄浆哉。伊本生有个呢，一塌刮子一只床、一只台、四只凳，廿四只脚啦！一记头多出来介许多脚，哪能办啦？人家孙悟空七十二变来事个，娘舅嬲讲打只对折，就是一变也变勿连牵个呀，只好瞒紧仔，东借借西借借，各到各处喊人家"姐姐"呀。

大橱是问车间里头老师傅拉阿妹拉中学同学拉大学老师借得来个，五斗橱问娘拉过房娘拉老三拉过房娘拉老四拉借得来个，只夜壶箱加二昏头落眈咪，问啥人借个末，㑚耳朵捎捎清爽仔拉拉长噢，喏，阿哥拉出襄兄弟拉阿哥拉厂里头拉小兄弟阿哥拉小阿弟拉赤屁股兄弟。乃十二只脚借好仔末，十二加廿四，三十六只脚总算齐了呀。娘舅神抖抖，还辣舅妈门前摆噱头，讲啥乡下头太婆顶顶宝贝伊，迓迓叫拨伊个私房钿，叫伊买家生个。舅妈还老相信个咪。

弄堂酒水吃好仔末，闹新房辰光闹猛头势噢。人末，亭子间门口头一坎路一坎路排下来个，胡梯浪一个一个蜡烛插好仔，像煞排队买火车票能个候好仔进去个。啥体末，喏，呆想想好咪，亭子间里向头家生脚一只一只生煞辣海，人脚哪能轧得落？

眹眹排队人实能多末，辰光末也勿早咪，丈母娘脱仔丈人阿伯面红堂堂转去睏觉去了。两家头前脚跑，后脚胡梯浪个小青年一泼人一泼人踏进去，大橱咾、五斗橱咾、夜壶箱咾，快手快脚盎起来仔，别力拔辣，望胡梯头跑下去噢。

舅妈末，头初里嘻嘻哈哈扎劲煞脱，啊呀，迭能介吵新房倒时路个呀，嬲讲伊吵人家辰光甃见歇过，啊呀，连得听也甃听过歇。后首来一轧苗头勿对呀，耶，哪能人下去仔勿上来个啦？

娘舅调枪花，今朝末，辰光勿早咪，噢，茄山河末，明朝早浪头笃笃定定茄好唻。

舅妈新娘子呀,哪能听得进,屋里头新家生大一半勿见脱唻!副窗帘布拉开来仔,"乓"窗一推,人佝出去仔一望,下底头毕毕静,人影子一只也勿看见唻。豪惊点拖仔鞋皮,小弄堂趱出去,踢力沓蜡,踢力沓蜡,总算大马路浪一部黄鱼车追着了,车子浪伊只夜壶箱辣海呀。

踏黄鱼车个大块头听仔好白相煞唻,侬只夜壶箱啊?喔唷,人家墙头借得来扎扎台型个呀,人家末明朝也要摆酒水个噢,对勿住,外加屋里蹲辣蛮远个,夜里头要帮伊送转去个噢。

乃是拆穿西洋镜唻。喔唷,舅妈胸口头闷是闷来,肚皮里头气是气来,脚浪拖鞋皮也"气"脱仔一只,几时去脱个也勿晓得。娘舅末佗仔舅妈回转去仔,再要寻开心唻,鞋少脱一只勿搭界,脚吭没少脱蛮好唻。

"啥啊,"舅妈拔直啩咙,苗头也好别别西郊公园只老虎。"啥人话脚勿少啊?硬碰硬十二只脚少脱唻!""我索介规规矩矩脱侬话哦,再有只凳,阿拉小阿妹搭调调头,嘿嘿,调得来个。"

"侬,侬个人哪能……"舅妈气了讲勿连牵,一屁股坐辣床浪,荡绢头袋袋里摸出来,唉,眼泪水抑抑。

"侬哭勢哭呀。今朝仔要开开心心个呀。"娘舅麦乳精冲仔一杯,手里头硬劲塞上来。

"开心?侬自家话话看,我开心得出个啊?"

"哎呀,少几只脚个生活呀!"娘舅两根肋棚骨真罪过头势噢,乃是乓乓响,拍断脱快唻。"喏,慢叫一只勿少补拨拉侬!"

"侬倒口轻飘飘,哪能补法子?"

"侬看仔细噢,眼门前马上补四只侬,哪能!"

"侬啥体?觉勿睏了啊,半夜里夜壶箱打只出来啊?"

"迭个我打伊勿落个,打了只面孔也夜壶脸唻。喏,侬来呀,地板浪立上来呀,来呀。喏,自家看喏,大家赤脚地板浪立好仔末,侬新娘子两只脚,我新郎倌两只脚,一道辣海四只脚齐头正好勿啦?一只夜壶箱几只脚啊？侬自家话呀！慢叫阿拉囡囡养仔末，一个囡囡两只脚，两个囡囡四只脚……"勿曾数好哎，舅妈倒"气"一声，气了笑出来了。

葛咾阿拉娘舅屋里头末，光郎头养仔介许多呀，阿大、阿二头、阿三头、阿四头、阿五头、奶末头，一齐拢总十二只脚，一只大橱、一只五斗橱，再有一只夜壶箱着港哎。

要勿是阿拉姆妈上路噢，借拨娘舅只凳勿问伊拉讨转来是，一只凳四只脚，毛头板要多养两个辣海，亭子间里三十六只脚将将凑得满哎。啐啐，好得娘舅保定三十六只脚，七十二只是，乃哪弄法子？

弄堂乒乓球

作者:胡宝谈
朗读:胡宝谈

今朝末落雨天,地浪向末侪是水荡,荡江山勿好白相了呀,迷野猫猫也勿好白相呀,大家跑得去问烟纸店爷叔墙头排门板借一块,嗨哟,嗨哟,盍到过街楼下底头,排门板末横下来,下头搁两只方凳,高头搁两块磻砖,磻砖浪横一根鸡毛掸子,乃末好打乒乓了呀。阿里两个先打呢?

我道理蛮足,排门板是我开口问烟纸店爷叔借个,应该我先打;小大块头讲两只方凳是阿拉屋里掇出来个,我也有份个;阿二头讲两块磻砖我拾得来个,我也勿好排辣后头;阿三头讲瞎三话四,啥两块,里头一块是我拾个。出鸡毛掸子个毛豆子口齁开咪,弄堂里无锡阿婆横冷横冷辣喊咪:"伲屋里头欶煤炉个两块磻砖啥人抽脱了啦?"

嚎,大家吃牢伊拉两家头。"阿二头阿三头,磻砖佛两家头偷个咾。晏歇告诉佛爹爹去。"

"勿是我呀,"阿三头哭出乌拉。"我,我刚刚讲里头一块我拾个,是说鬼话呀,我晓也勿晓得呀。"

"我也吭没偷呀,"阿二头极汗也滋出来了。"是借……借个呀,晏歇点要还个呀。砖头勿是馒头呀,借借也勿搭界个呀。"

"勿来三!勿来三!"大家一道喊,里头末,我喊了顶凶。"豪愫阿婆墙头是我错去。"

"去个去个,我打招呼去,乒乓先勿打了,拨佛打好了哦。"阿二头头沉倒仔,萎瘪瘪无锡阿婆墙头去了呀。

过街楼下头,啥人也讲勿过啥人,索介乒令乓冷气,啥人大差有

157

福气,有福气。喔唷,福气蛮好个末,得小大块头两家头侪是手心底呀,阿拉先打呀。

小大块头夠看伊块头大,像煞木嚎嚎个,伊拉爹爹大块头老早体校里向头教乒乓个,葛咾儿子也有眼三脚猫。我呢,是照牢电视里向头个比赛自家学个,自家觉着学了蛮像个,必过小大块头老是讲我野路子,我老早想隑脱伊,拨伊眼苗头看看了。

摆大王,三只球噢,输脱下去噢。小大块头得我两家头哚冬哚,小大块头出只榔头,我剪刀拨伊敲脱。赢个人开球先,小大块头上来一只转球,只球转来邪气,娘冬采,我吃转夠去讲伊,只球转到地浪原径辣辣转,一径转到过街楼外头上街沿浪去了,一个过路人勿当心踏仔一脚,踏出只瘪塘。阿三头拾起来捏捏看,哎呀,瘪脱了呀,摆辣碗里头开水泡泡看,作兴还好打个,我转去泡去了噢。

啊呀,辩要泡到几时去啊,开水泡出来大灵光也勿灵光呀。毛豆子蛮会得趁汤下面个,伊讲我屋里有只新球,两等品咪,不过要拨我先打噢。好个好个,大家侪同意,讲啥我头一只球吭没接牢,葛咾球滚出去踏瘪脱我要担肩胛个,下来下来,排辣末脚一个打。

我只好气潽潽下来了呀。一圈打好,我总算又好上咪。小大块头呢,一家头摆大王噢,勿曾下来过噢。乃我是新开豆腐店,先开球了呀,头一只球我开了蛮好,一只快球,一篷风过去,小大块头吭没接牢。一比零。

"蛋蛋,隑脱伊!"

"蛋蛋,弄眼苗头出来!"

第二只球小大块头开,原旧只转球,外加蛮促掐个,是只反转,我又吃转了呀,球转也算咪,退招势,捏仔乒乓板人也跟牢仔转一圈。一比一平。

"蛋蛋,哪能介吭没花头个啦?"

"蛋蛋,侬光板帮伊打呀!"

我再来只快球,乃小大块头候好辣海,接牢了呀,回过来一只吃角,亏得我跳了快,跳过去拍子一撩撩转去。小大块头呢,回过来一只脱去,喔唷,乃我勿来事咪,只好瞎撩撩伊一记。啥人晓得我额角头亮晶晶,撩着了呀,撩着仔勿算,眼眼叫排门板浪有块节疤,球眼眼叫撩辣高头吃怪,本底子明明叫朝左去个,一记头朝右一蹿头,小大块头呒没捉准呀,哈哈,伊眼绷绷看牢仔球飞过去了呀。两比一喽,我赢一只。

第四只球,小大块头只转球是结棍,我逃也逃勿脱呀。大家毕毕静,乃两比两平,只看末脚一只球了噢。

"奥斯开。奥斯开。"我装了蛮像个,像煞热煞脱了,立辣边浪向,乒乓板头颈里扇发扇发,勥看我眼睛定烊烊,我念头一歇勿停辣转呀,动只啥怪脑筋出来呢? 恰恰叫阿三头捏仔只拨踏过一脚个乒乓球转来了呀,看起来开水里头泡出来了呀,我眼睛一眙,主意来了呀。

只球从阿三头手里抢过来,力道用足开出去,嘿嘿,泡过个球跳大勿起来,路子怪个,小大块头吃怪呀,想接呒没接着,三比两,隁脱了呀。

"做手脚!做手脚!"大家勿服帖,开荷兰水了呀。

"厄隁五!厄隁五!"小大块头趁枪势穷叫了呀。"蛋蛋赖极皮,勿好打辣半当中调球个!"

"啥人讲勿好调个啊,电视里向头世界比赛也调个咪!侬懂经哦?"阿拉两家头啥人也讲啥人勿过,大家末,瞎起哄,帮煞小大块头了呀,打过打过,定规要打过!

我转念头打过末,小大块头吃准我路子了呀,打伊勿过了呀,只好再起只啥花头? 快球勿来了呀,一只老太婆球慢笃笃吊过去,一头过去,一头我得伊茄山河呀。

"小大块头,侬今朝功课阿曾做好? 勿曾做好,当心俉姆妈请侬吃生活噢!"小大块头勿睬我呀,狠狠叫抽了一板,力道大得来,肚皮浪个肉肉也荡了一荡,我抖抖豁豁接牢了,唪唪,再抽记我板输脱了呀,对了呀,看见肉肉,我想着了呀,我假痴八点馋唾水嘞嘞。"喔唷,香来,啥人家辣烧红烧肉啊?"

咳,灵个灵个,小大块头只鼻头赛过狗鼻头辣闻发闻发,回过来只球脱刚刚比是,硬碰硬慢交关呀。

我是嬧得客气,一只球抽过去。"小大块头,是俫屋里哦?"趁小大块头接球个当势,我又喊咪:"喔唷,俫爹爹辣吃喽。侬勿转去是,当心红烧肉搁落三姆拨俫爹爹吃光脱了噢!"

哈哈,小大块头听了馋唾水也出来了呀,手一抖,舴只球吭没过网呀。小大块头还要啰里八嗦,再要厄隁五,舴记大家侪勿答应了呀,啥人喊侬自家分心个啊,怨侬自家嘴巴馋痨噭!

着旗袍个女子

选自：民族风·唐装
改编：丁迪蒙
朗读：柳钟晔

  旗袍，侬让一代一代个女子为侬痴迷，又让一代一代个女子来传承侬优雅细致个文化，来承载侬对美个勿变个追求搭仔东方女子勿老个梦！
  小辰光，旗袍对我来讲是奢侈品。伊就像水中月、镜中花，伊是别墅、洋房里向个千金小姐。所以我邪气向往：啥个辰光再能够真正拥有属于自家个一件旗袍呢！
  旗袍是婉约、雅致个，是细腻、华丽个，也可以是洒脱个；但伊一定勿可以是张扬、豪放个，更加勿可以是狂野、粗俗个。旗袍勿属于市井，伊比较挑剔，着旗袍个人要有温婉、娟秀、精致个面孔，要有一副或者是窈窕、曼妙，或者是丰满、凸凹有致个身材，还需要有一种含蓄内敛、兰心蕙质个心态，再能够穿出旗袍个无限丰韵。
  旗袍是知性、优雅个。着旗袍个人可以是大家闺秀，也可以是小家碧玉，伊可以千娇百媚，让人怜惜；也可以是高贵、冷静，拒俗人于千里之外。女子拿自家个灵性侪交拨了旗袍，葛就让旗袍有了生命，能够飘移，能够飞动，能够旋转，也能够香丽。
  旗袍，可以采用典雅高贵个绫罗绸缎，也可以是女学生个士林蓝布，甚至可以是乡下头个土布，着出来个味道呢一定是勿同个，但是足以反映出中国女子个特殊风韵。所以讲啊，旗袍是中国女子个国粹。
  大家侪讲，辣辣女人个衣橱里向总归会得缺少一件衣裳，我想，挢一定是一件旗袍。

（来源：学上海话）

咸酸饭

作者：麦小姐
朗读：麦小姐

辣上海人家个家常菜单里，我觉着有几碗"饭"是勿可缺少个——一碗是"泡饭"，对哦？我相信有勿少人侪脱我一样，早浪向个辩碗泡饭一吃就是多年，直到吃出"情结"来；一碗是"蛋炒饭"，帮我年龄差勿多个朋友，自家会得烧个第一只起油镬个菜，多数侪是跟"蛋"搭界个，炒蛋咾，荷包蛋咾，番茄蛋汤咾，当然，还有蛋炒饭；第三碗末，是"八宝饭"，虽然现在大家讲究饮食健康，对高油高糖个物事馋而远之，但"八宝饭"是勿一样个，伊代表年夜岁边最甜最饱满个一种味道，哪怕侬只是意思意思尝一眼眼，辩碗饭是板要有个；还有一碗是啥呢？还有一碗末，肯定是"咸酸饭"咾。

讲起"咸酸饭"，就是用生米、青菜脱咸肉一道烧出来个饭，也可以简称为"菜饭"。虽然现在马路高头有交关吃"咸肉菜饭"个小店家，但是啊，脱阿拉本地人讲个"咸酸饭"是有区别个，关键就辣辣辩碗饭个"主角"浪向——伊拉是用冷饭炒个，而阿拉是直接用生米烧个，有眼像广东个煲仔饭。至于里向头加个辅料倒是呒没啥硬性个规定。菜呢，勿一定板是青菜，我觉着用莴苣笋叶子烧个更加有种独特个清香，或者用豇豆，辩就是另外一种软糯个口感了。

讲好了用来提香个青头菜，挨下来阿拉再来讲讲用来提鲜个咸肉。假使再文艺一点，可以讲：辣一碗有诚意个咸酸饭里，青头菜负责"气场"，咸肉负责"走心"。辩个咸肉，最好是拣稍为夯一眼个，可以拿油水烧出来，让饭更加香。我阿婆烧咸酸饭，除脱咸肉，还会摆香肠，如果有自家做个酱油肉也会摆一眼，赛过"双拼"或者"三宝"，吃起来交关有丰足感。我姆妈烧咸酸饭个辰光呢,肉一般就是咸肉,不过伊有辰光会加点干香菇脱茭白丁,一记头就提升了口感个层次,让饭个味道更加复合。

米淘清爽,食材准备停当,乃末好开始烧了。辅料要先辣油镬里煸一煸,恰好调味,记得噢,落手少许轻一眼,因为咸肉里个盐分也是蛮高个,会得越烧越咸个啦。辅料煸好,加米加水,抄抄和,镬盖盖好让伊烧。开了以后,火关小,继续焖脱一歇,慢慢收干水分,关键是拿饭烧熟。如果侬用个是铁镬子,葛末还有一只动作是勿好省个,辣个就是"烘"了。

"烘"是为了要拿饭糍烘出来。辣搭也有一个小窍门,侬烘个辰光啊,隔脱一歇要拿只镬子转转方向,让底高头个一圈俫可以烘到家。不过,饭糍香归香,也勍烘烘吭没清头,烘得来层底墨墨黑,毕竟,有健康再有口福。对哦?等侬闻到一股馋人个焦香飘出来,差勿多就可以关火了。假使是用大灶,葛烧出来个味道就更加嗲咪,勿光米香、菜香、肉香、柴香,还包含了一种朴素个烟火气。一镬吭没饭糍个咸酸饭好比是一个吭没腔调个男人,外表再山清水绿,骨子里假使勿够硬扎,还是勿来三个。对我来讲,饭糍就是咸酸饭个"灵魂"。

我屋里有辰光会自家爊点猪油,吃咸酸饭个辰光呢,正好可以趁热拌一眼辣碗里。侬看呀,绿个菜、白个饭、红个肉、黄个饭糍,还有香喷喷亮晶晶个猪油,一想到辣只味道啊,真是涎唾水也要出来了!不过噢,咸酸饭冷脱以后再热,勿管是微波炉转还是隔水蒸,味道总归推扳眼个。外加,虽然我欢喜吃饭糍,但我牙口勿好,咬大勿动。乃末哪能办呢?汆泡饭呀!稍为加工加工,调只形式,伊又"活"过来了,一眼也吭没浪费个。

今朝麦小姐脱大家分享了我屋里咸酸饭个烧法,吭没啥特别个地方,就是最普通个家常味道。最后扯一句,前两天我阿婆齐巧刚刚烧过,用个是茭笋叶子。伊讲,现在辣叶子也是要买个,价钿帮茭笋一样。哎呀,辣记成本又上去了嗒!

(来源:麦唐作)

腌笃鲜

作者:老周望野眼
改编:丁迪蒙
朗读:王浥清

有外地来个朋友问我:"到上海餐馆点菜,有啥个菜是勿容错过个?"介简单个问题拿我难牢了:红烧肉？油爆虾？扣三丝？响油鳝糊？……"上海菜"个概念邪气广泛,就好比上海人个祖籍一样,到处侪有个,上海人"拉辣篮里就是菜",啥物事侪吃个。

要讲啥个"顶"有特色,一时上头真是讲勿上来。不过呢,万变勿离其宗,上海菜,有人讲是浓油赤酱,我看辩种讲法是知其一勿知其两。上海菜最关键是"鲜"。味道鲜美,讲究时令,"勿时勿吃",食材必须新鲜。

现在辩个辰光,当然就是吃腌笃鲜咾。

最近个各种媒体上,关于腌笃鲜个文章读了勿少。辩只菜烧起来有啥个花样,勿需要我多啰哝了。有三样主料:咸肉、鲜肉、春笋。烧法也邪气简单,就是摆辣一道一镬子烧。

本来呒没啥花头个家常菜,拨一眼"时尚人士"个笔一写,辣末生头高、大、上起来。菜个历史,也要拿杜月笙、张爱玲拉出来讲讲,恨勿得拿人家个家谱贴辣自家个面孔浪向。选料呢,啥物事侪要最好个,辩个勿来三,伊个勿好用。

要我来讲啊,我晓得个腌笃鲜呒没介多个讲究,伊不过是上海人春天吃个一只家常菜而已。

上海人个生活虽然精细,但还呒没精细到样样侪要最好个地步。咸肉当中个精品"刀板香",老早仔一年也吃勿着几块个,难板有好个咸肉,肯定是蒸来吃个,哪能舍得用来烧汤？鲜肉个道理也是一样个。蹄髈用来烧"小白蹄",小排用来吃糖醋个。介许多好物事一镬子烧,辫个是邪气过分,邪气作孽个。屋里向吃个腌笃鲜,咸肉常庄是冷天介吃剩下来个边角料,荚个多膆个少。鲜肉一般是"夹心肉",有辰光是腿肉。

唯一讲究个是：笋。一定要春笋才有味道,辫个再是腌笃鲜辫只菜里"勿讲究中个讲究"。

腌笃鲜必须要辣辣春天吃再有味道,关键就辣辣笋浪向。冬笋虽然也是鲜美个,但质地比较嫩,勿适合"笃",只适合"炒"。而春笋则是"笃"个佳品,无论是腌笃鲜还是油焖笋,春笋除了提鲜,更加重要个是吸油、吸味。烧一锅腌笃鲜,一顿吃勿脱再吃第二、第三顿,辫个辰光个春笋里向含了勿少咸鲜之味,"最是一年春好处",就辣辣辫一口浪向。

关于腌笃鲜还有一个地方要有疑问个,就是百叶结搭仔莴笋。我发现勿少高档餐厅个腌笃鲜也摆百叶结、莴笋。要晓得,豆制品虽然是好吃个,却有一个最大个缺点：特别容易馊脱。任何小菜只要摆辣豆制品进去,就只能当天吃光,勿好过夜,过夜就要馊脱个。腌笃鲜里的百叶结一般侪是吃第二顿个辰光再摆进去,上海言话所谓"吃回汤豆腐干",就是辫个意思。至于莴笋,辫是因为春笋个价佃贵,精明个家庭主妇混一眼香莴笋进去,作为春笋个替代品。

现在有一眼高档餐厅个腌笃鲜,动勿动价格上百,用个咸肉、鲜肉侪是最好个,辣辫种地方出现百叶结搭仔香莴笋,就好比拿鹅肝去炒时件,有眼搞笑个。还有眼餐厅,厨房间里烧仔一大镬子加满了添加剂个奶白汤,依点腌笃鲜也好,老鸡老鸭汤也好,鱼头鱼圆汤也好,汤就是辫只汤,加眼高压锅里焖好个肉,从点单到上台子只要十分钟。吃辫能介个腌笃鲜,实在勿是啥个享受。

还有一眼精明个商家推出腌笃鲜青团、腌笃鲜月饼……勿晓得为啥我总觉着网红食品有种讲勿出来个添加剂个味道,但愿辫能个担心只是我个错觉。

世界浪向味道最好个腌笃鲜啊,毫无疑问要辣屋里向吃。现在条件好了,咸肉用"刀板香"没啥压力,鲜肉来只蹄髈或者来斤小排也可以。镬子最好是老砂锅,搪瓷汤锅嘛,也马马虎虎。总之啊,笋要交关就是了,勿要忘记出煠潽水,否则,笋有辣舌头个味道。就辣能介笃啊笃,一直笃到香气氽到了整个楼道。辣个辰光,饭也烧好了,一家人家坐辣一道吃饭。

腌笃鲜是"笃"出来个,是春天个气息,屋里向个味道。

(来源:吴越小猪)

荠菜

作者：唐位位
改编、朗读：麦小姐

辣阿拉学堂操场个边边头，偷偷叫长了一片荠菜，野生个，风餐露宿，低调可爱，就迓辣还来勿及清爽个杂草堆里。初秋辰光，当中有几棵比较"心急"，屏勿牢先开出了绿中带白个小花，辫能一来就醒目了。喔唷，远看末稀零晃浪，跑近了一看，还真勿少咪！

同事里个识货朋友一记头就扎劲起来，讲啥荠菜花假使开了，辫菜就老了，要手脚快眼抢辣伊老脱前头尝尝鲜，辫种鲜啊，恨勿得连舌头也好开出花来。伊一面讲，一面组织阿拉集体去挑荠菜。开花个勿要，要拣嫩头，挖起来个辰光，根浪向个烂泥还是湿嗒嗒个，拿辣手里甩一甩，烂泥落下来，显出细白个根须，仔细看，菜叶个嫩头浪向，露水还咘没干透，亮晶晶，怯生生，像少女个香汗，吊足了"馋痨坯"个胃口。

阿拉几家头挑着了小半篮荠菜，稍许拣拣弄弄，汏汏清爽，就拿到食堂里开小灶去了。也用勿着大排落场，介新鲜个菜，直接加点粳米烧了一镬子粥。真叫香噢！可惜我只有挨着闻味道个份，刚刚跑开一歇歇，伊拉就拿粥分光了，连眼脚脚头也咘没挺拨我。

又过了几日，荠菜花侪陆陆续续开出来了，好比是满天星勿当心落勒草地浪，交关有童话感。我好白相去采了一大把，多到两只手也差点揸勿牢。回去之后，寻了只透明玻璃瓶拿伊拉插好，倒点清水进去，有水泡泡氽起来，还有几沰水花溅到花瓣高头，显得野趣灵动，咘没成心卖弄姿态来讨好啥人，勿欺生，也勿怕陌生。

辫个是我欢喜个气质。

我埃趟仔因为慢了一脚哝没吃着野菜粥，心里向一直牵记辣海，赛过像错脱了样老难得个物事。外加我总觉着，辩只味道应该脱我小辰光吃过个味道是一样个。为了辩口荠菜香，我等啊等，等畅等畅，终于等到伊又上市了，辩记我板要拿伊吃吃称心再算罢。不过也勿晓得为啥，是烧个问题呢？还是菜个问题？又或者是舌头勿灵光了？随便我哪能弄法，就是吃勿出老早个味道来了。

我小辰光老怕吃一样物事个，是埃种当中拨揿过只瘪塘个实心糯米团子，我阿奶叫伊"瘪嘴团"。埃歇辰光，我还勿欢喜一个乡下亲眷，伊常庄来阿拉屋里白相，但伊讲个无锡言话脱我爷爷阿奶讲个勿大一样，口音更加重，当中夹了交关老言话，我觉着有眼"巴"。我辩个乡下亲眷有只大手，大概伊认为辩是张蛮扎台型个事体，欢喜到处去脱人家比，脱大人比比末也就算了，还来脱我一个小姑娘道比，真是烦煞人！有一趟我实在屏勿牢了，一本正经个帮伊讲："我顶顶勿欢喜侬了，因为侬长了忒难看！"伊听了倒也勿响，反而笑嘻嘻个讲要请我吃馄饨，然后弯下腰，拿只耳朵傥过来挺我咬。哈，辩耳朵哪能脱馄饨长了介像个啦？！我笑也要笑煞快了！

伊有辰光会帮阿拉拿点糯米粉来，阿奶倒正好用得着，豪悢烧开水搦面粉搓团子。葛末为啥是搓"团子"而勿是"圆子"呢？因为伊拉两家头个模子是勿一样个。团子明显要大两廓，老早点心店里侪有得卖个，基本浪向吃个两只也就差勿多了，到第三只啊，就算侬再欢喜末了，心里想吃，嘴巴想吃，但只胃答勿答应，侬就要脱伊商量商量再讲了。

我阿奶搓个，就是辩种大只头个团子，外加还是实心个。搓好之后，宝贝勿煞个托辣左手个手心爿里，用右手大拇指对牢团子中心用足力道揿下去，光揿还勿够，还要扭一扭咪，乃末，一只"瘪嘴团"再算做成功。阿奶一头搓团子，一头脱埃个亲眷扯东扯西。我也弄勿懂，为啥阿奶一帮伊讲言话，辩声音末也轻了，语速末也快了，最让我头浑个是，伊一口我听习惯个"无锡上海言话"，哪能也变得脱埃个人一样了！赛过像辣讲外国话。讲法讲法，阿奶有辰光会拿面粉团摆下来,拿起椅背高头搭辣海个毛巾揩一揩眼睛。

炉子浪还炖了一镬砂锅鸡汤,用饭勺拷一眼到小个钢宗镬子里向,然后就开始化团子了。水开了,发出"郭嘟郭嘟"个声音,蒸汽从镬盖缝缝里钻出来,揿开盖头,看到两只团子涨了更加大了,颜色也更加白,白了圈边也看勿大清爽,有点像泅过水个宣纸。辣辰光,阿奶从竹头淘箩里捱起一把汰了水淋淋、劗了绝绝细个荠菜叶子撒到镬子里一道烧,一歇歇功夫,荠菜个清香就朝侬鼻头里钻了。

但我老勿欢喜吃辣种实心团子个,吃上去一嘴巴个糯米粉,肚皮里末一眼花头也呒没,像只大木戆一样,味道淡刮刮,还有点苦几几,我吃勿来,容易打恶心。不过我欢喜撩鸡汤里向个荠菜叶子。阿奶做人家,勿许我挑食,规定我板要拿碗里向盛个团子吃光。我胆子也蛮大个,勿睬伊,还从阿拉爷埃搭"批发"了句言话来还拨伊:"阿奶啊,侬硬劲逼我吃,就是勿讲道理,就是'强盗逻辑'!""乡下亲眷"大概是呒没做好心理准备,听我辣能一讲,推扳眼拿一嘴巴个糯米粉也喷出来!伊讲,侬哪介洋盘个啦,辣能好吃个物事,又有嚼头,侬嚼法嚼法末,辣甜味道就出来了呀!既然伊介懂品味,葛末我索介就请伊来帮记忙,趁阿奶跑开个辰光,我拿自家吃勿脱个团子俫搛到伊碗里向去了。伊倒也蛮上路个。作为交换条件,我撩光了伊碗里个荠菜叶子。

可能是团子吃多了,伊看上去有眼热,拿节头骨儿到中山装个领圈里敲了一敲,但纽子一粒也呒没解,连得风纪扣也呒没松开来。阿奶从楼浪向下来,拿来几张全国粮票拨了伊,伊也勿响,空出一只手去接,接过来就囥到标袋里去了,还当心好勿让粮票弄卷脱,然后拿袋袋高头个纽子纽好。

现在我难板还会得想起伊,后来我晓得了,伊是我爷爷个过房儿子。我总归讲伊难看,阿拉爷倒勿辣能想,伊讲伊辣个"过房兄弟"卖相绝对勿推扳个,甚至用"相貌堂堂"四个字来形容伊也勿算过头。爸爸讲伊现在"书包翻身"做官了,当年伊来上海读书,也是伊拉埃搭少有个大学生,老勿容易个。不过,埃歇乡下头日脚勿大好过,尤其是口粮特别紧张。

我听爸爸挷能讲,自家也辣脑子里回放了一遍伊个样子,想重新评估一下伊个外貌。但是呢,我横想竖想,就是想勿起伊只面孔是哪能个了。不过,每趟只要想到挷个人,我个味觉记忆就会自动个搭到荠菜高头去了。

我自家用了点辰光来研究,到底我阿奶用无锡言话讲个"瘪嘴团"是阿里几个字呢?我相信,肯定是写得出个。就好比"着港"咾、"吃价"咾、"牵丝扳藤"咾,还有其他点上海言话里经常讲个词语,我侪寻到了脱伊拉对应个文字写法。葛末,"瘪嘴团"会勿会就是挷能写个呢?瘪进去个"瘪",嘴巴个"嘴",再加一个团子个"团",挷只组合从读音到意思侪碰得拢了,除脱辣"美感"浪向稍为推扳着眼。

直到有一趟我辣《新民夜报》个副版高头看到"碧珠团"挷几个字,"碧"末是碧绿个"碧","珠"末是珠宝个"珠"。埃篇文章是一位资深吃客写个,看起来伊还脱我是同乡,否则哪能会有介像个吃食呢?外加挷两种写法,用江南吴语来读,音也是差勿多个。到底是文化人喏,伊用个挷两个字帮我个写法相比,明显是伊要文雅得多。"碧珠",碧绿个菜叶当中,珠珠白个团子氽起沉下,我想想,朱洪武当年起兵造反,辣破庙里向吃着个"珍珠翡翠白玉汤",也是用了挷能一记小聪明哦。不过,埃位资深吃客写到个"碧"是碧绿生青个鸡毛菜,颜色好是好,吃口嫩归嫩,但讲到香,鸡毛菜哪能比得上野生个荠菜呢?

写到此地,我有点想念埃个我小辰光"勿欢喜"个过房爷叔了。因为伊告诉我,苦儿几个糯米粉假使多嚼嚼,是会吃出甜味道来个。再反过来想想也是一样,如果啥个物事忒甜了,甜过了头,也是会发苦个。

(来源:麦唐作)

猪油拌饭

作者：丁迪蒙
朗读：丁迪蒙

前两日搭仔朋友辣辣浦东一家饭店吃饭。

辩家是爿经营上海本帮菜个饭店，有道特色菜叫卷心菜。端上来一看，里向有得勿少猪油渣。看到猪油渣，立时三刻就让我想到了小辰光个猪油渣。

辩个辰光，猪肉要凭票购买个，阿拉屋里属于小户（一到四人为小户，五个人以上是大户），买肉只好买一眼眼，肉膘就可以多买眼。所以，阿拉姆妈辣冷天介总归去买点肉膘来熬猪油。肉膘买来汏清爽，切成丁丁头以后摆辣铁镬子里熬，慢慢叫猪油就熬出来了。熬好以后舀出来灌辣瓶子里，冷脱以后就结成白颜色个块状了。每日中浪向吃中饭个辰光，阿拉姆妈就叫我自家盛好饭以后，挤一调羹猪油拌辣饭里，老老烫个饭里向猪油一拌进去，吃辣嘴巴里向个味道是香是香得来，两碗饭小菜也可以勿要吃个，一歇歇饭就全部吃光了。一个冬天吃下来，面孔红彤彤个，面色好看得哎！

熬好猪油以后，留下来个猪油渣也是好物事，也老好吃个，有两种吃法。

刚刚熬好趁热个辰光，拿一只小碗舀半碗出来，拌一调羹绵白糖，又香又脆，味道邪气好哎！

剩下来个就盛辣碗里向，平常辣烧卷心菜个辰光可以摆一眼，烧汤个辰光也可以摆一眼辣里向。勿要小看迭眼猪油渣，摆搭勿摆味道要相差交关哎！

现在生活条件好了，大家侪讲究保健，猪油已经呒没啥人去吃伊了,猪油渣也侪丑脱了,其实,辂个是好物事啊!多少吃眼对身体是有好处个。

侬想试试看哦?

(来源:麦唐作)

老百姓个冷饮酸梅汤

作者:沈嘉禄
改编:丁迪蒙
朗读:柳钟晔

　　一提起酸梅汤,老上海就会得讲:喏,北京嘛有信远斋,上海呢有郑福斋。

　　勿错,上海个酸梅汤是从北京引进个。

　　民国个辰光,徐凌霄辣伊个《旧都百话》当中对北京个酸梅汤有过辩能介个描写:"暑天之冰,以冰梅汤最为流行,大马路小弄堂、水果店门口,侪可以看见'冰镇梅汤'四个字个木檐横额。黄底黑字,邪气工整精制,好像是酒家个帘子一样,让经过辩搭个汗溚溚滴个人,赛过望梅止渴,老有吸引力个。以前京朝大佬,贵客雅流,有得空闲,常常要到琉璃厂逛逛书铺,品品古董,考考版本,消磨辰光。天热口干,就以信远斋个梅汤作为解渴之需。"

　　梁实秋客居台北几十年以后,对信远斋个酸梅汤还念念勿忘,伊辣一篇文章当中辩能介写:"信远斋铺面很小,只有两间小小个门面,临街个旧式玻璃门窗,揩得一尘勿染,门楣浪向一块黑漆金字匾额,铺内清洁简单,道地北京式个装修。……信远斋个酸梅汤成功个秘诀,是冰糖多,水少,所以味浓而酽,上口冰凉,甜酸适度,含辣嘴吧里向就像品纯醪,舍勿得咽下去。很少有人辣辣伊面只吃一小碗个而勿吃第二碗。"

　　上海呢,辣辣江南,夏天邪气闷热,就更加有理由吃眼酸梅汤了。葛末,北京个酸梅汤哪能会得南下到上海个呢?

　　上个世纪30年代,南派猴王郑法祥搭戏班,辣辣大世界演出,大热天呒没酸梅汤解暑，实在吃勿消，伊就拉了三个合伙人辣辣上海大世界个东面开了一家郑福斋。老报人陈诏先生曾经辣辣一篇文章当中豁能介写："想当年，大世界旁边个郑福斋，以专卖酸梅汤出名。每当夏令，门庭若市，生意兴隆。花一角洋钿就好吃一大杯酸梅汤，又甜又酸，还带了桂花个清香，真是沁人心脾，可以令人个精神为之一爽。假使再买几块豌豆黄之类个北京糕点，简直美极了。"

我辣小时辰光也吃过郑福斋个酸梅汤，味道真个老灵个。夏天太阳邪气毒，树浪向个野胡子拼命个叫，我搭几个阿哥买了一杯酸梅汤迓辣树荫下头吃。伊个辰光钞票少，大家凑了一只角子去买了一杯，几只嘴巴轮了去吃一小口，现在想想真是比酸梅汤还要酸啊，但是，迭个也成了一种邪气珍贵个记忆。

一到大冷天，酸梅汤就呒没了，郑福斋只卖眼糕点搭仔糖果咾啥。

到了上个世纪80年代，酸梅汤辣市面浪向就看勿到了，洋饮料蜂拥而上，争霸天下。

前两天，我约了三五个知已到静安寺附近个一家饭店去吃饭，看到邻桌每个人个面前摆了一杯深红颜色个饮料，而且还是杯身带棱个一种老式玻璃杯。一问服务小姐，再晓得迭个是酸梅汤。我豪惚要了一杯，嘴巴一嗒，哇啊，真个是酸梅汤，就是一种熟悉个、老瀴个酸甜感，吃下去浑身适意。阿拉每个人侪要了一杯，伊拉也侪像我一样尖叫起来。

店里向个老师傅讲，迭个酸梅汤是店里向个老板祖上传下来个方子做个，绝对是"古法泡制"个。伊拉从定点个供货商伊面收购来个上等青梅，辣辣毒日头下头暴晒好几天，一直到皮皱收汁，然后再由加冰糖搭仔桂花、山楂干、陈皮咾啥辅料熬制成乌梅汁。熬好个乌梅汁，颜色墨黑，摆辣缸里向，有一阵阵清香飘出来，每天根据天气个情况勾兑成一定量个酸梅汤，冰镇以后出售。一眼老顾客就是为了吃豁能介一杯酸梅汤，特为到豁搭来吃个饭，还有一眼小青年呢胃口大,一口气好吃脱四五杯,真结棍啊!

一杯饮料带动佳肴、美点,辣辣上海也是少见个。再讲,辣辣洋饮料一统天下个餐饮市场,市面浪向个少见个酸梅汤,已经成为上海人一份难得个记忆,也为国产饮料保存了一份光辉个档案。

(来源:学上海话)

"吃"个世界

作者:钱乃荣
改编、朗读:岑然周

　　大都市侪是"吃"个世界,汇聚辣辣世界浪各种吃货。上海人吃出各种享受来,"吃"个乐趣使上海人拿"吃"迭个词个含义到东到西引申。
　　除脱"吃饭"以外,一些用嘴巴个动作,上海言话侪索性讲"吃",像液体一类侪用"吃":"吃开水、吃茶、吃西瓜汁、吃饮料、吃汤、吃酒水"。抽烟,上海人也用"吃":"吃香烟、吃雪茄烟"。有得只上海谜谜子,谜面是"一头烧,一头吃",谜底就是"吃香烟"。当然,就讲用嘴巴吃液体,上海人各种吃法分了来得细,像小口品味道称"洇",譬如讲"洇老酒";嘴唇皮轻轻叫蘸一蘸吃,称"抿",像"抿口鲜汤";带吸个讲"嗍",像"嗍奶、嗍汽水、嗍螺蛳";但统统侪好讲"吃"。
　　"吃口"是吃到嘴巴里个感觉;吃个本事。"吃相",则是吃喝个人样子,引申到表示争吵、发怒辰光个面色脱腔势。
　　"吃"还用来表示辣某只出售食物个地方吃,像"吃食堂""吃排档""吃黑暗料理"。依靠某种事物或职业来生活,也叫"吃",像"吃木行饭""吃银行饭""吃老本"。液体吸收,像"吃墨""吃水""油腻吃进去了"。
　　下头用法就离嘴巴吃物事远着眼了。如耗费:"吃劲、吃油";受、挨:"吃一拳、吃批评";按上:"吃错排挡";碰到、遇到:"吃硬档、吃着辩只档子";钻、嵌:"吃一只螺丝进去,吃进去深";吞没:"吃没";拉牢、咬牢:"吃牢伊勿放";侵占:"黑吃黑、吃脱一块地盘";得着,收进:"吃60分及格分数,吃进废牌";接受无异议:"辩两张牌我吃进"。

还勿罢迭眼，上海人拿惹、欺负、揩便宜讲成功"吃吃侬"；反过来拿敬佩、羡慕一个人也讲成功"吃伊"，像"吃伊好看""吃伊唱得好"；假使欢喜一个人欢喜到极点，忍耐勿牢了，会得讲："我吃煞脱侬！"

"吃"毕竟是人最重要个享受，上海人个发散性灵动思维，让"吃"字处处开花，创造了大量惯用语，显现了上海方言个奇特魅力。下头举两只例子：

"吃生活"：拨人家打。"吃家生"：用棍棒尺打。"吃头塔"：头顶心拨人家打。"吃屁股"：屁股拨人家打。"吃耳光"：拨人家打耳光。"吃皮榔头"：拨人家用拳头打。"吃五支雪茄"：拨人家用手掌掴。"吃外国火腿"：旧时拨外国人脚踢。

还有交关食物，"吃"起来，侪比喻别个行为。像"吃白食"：不出钞票白吃，没脱人家做事体白吃人家饭。"吃豆腐"：挑逗、侮辱。"吃鸭蛋"：得零分。"吃汤团"：舞女一夜天没舞伴；考试零分。"吃馄饨"：拨人扭，责罚个一种。"吃野食"：野外非正当性行为。"吃大菜"：冷水浇身以示罚。"吃死饭"：没职业，靠屋里人养活。"吃板茶"：每日天必上茶馆坐饮茶水。"吃讲茶"：旧时同去茶肆以吃茶方式私下头仲裁，请公众或有势力个来评判是非。"吃血"：受贿。"吃素"：软弱可欺。"吃嫩豆腐"：欺惹最软弱者。"吃醋"：产生妒忌情绪。"吃下脚"：吃人家挺下来个，像偷露天堆积物。"吃皇粮"：政府机构、事业单位工作个人由政府发工资。"吃小灶"：拨人家特殊待遇。"吃冰淇淋"：让人家白白里欢喜一场。"吃药"：上当。"吃错药"：失常，神经勿正常。"吃大饼"：跳水辰光胸口拨水击打。"吃萝卜干"：打篮球辰光手指拨球击痛。"吃螺蛳"：讲言话、唱歌辰光出现失误性停顿。"吃咖啡"：因有错误言行被请到有关部门去谈话。"吃辣货酱"：拨厉害尝。"吃麻栗子"：用曲指节击头。"吃麻兰头"：用曲指节弹额角头。"吃花生米"：枪决。"吃定心丸"：心中有数而安心。"吃救济粮"：考试呒没考好，低于平均分。"吃萝卜干饭":学生意。"吃生米饭":态度恶劣。"吃老米饭":只有开销没进账,用老早积蓄。"吃白相饭":没正当职业,专靠敲诈拐骗为生。"吃格子饭":坐牢监。"吃干饭":样样啥勿会做,勿做事体。"吃粉笔灰":从事教书生涯,上课。"吃空心汤团":得到勿好兑现个许诺。"吃竹笋拷肉":受一顿重打。老早是用竹尺揪打。"吃烂污三鲜汤":不负责任、乱七八糟烂吃瞎混。

还有眼吃,"吃"到了商业行为浪去。像"吃红笔":生意不景气,勿好做。"吃白板":店铺一日天没做成功生意。"吃赔账":自家赔钞票。账浪事体,又引申到生活浪去,像"吃轧账":夹勒当中,两头不讨好。"吃排账":因过失受惩罚、吃批评。"吃牌头":拨人家骂,受指责。

人处于啥地位,常用"吃"辣某处来表示,像"吃软档":可上可下个安排。"吃硬档":定规迭能,毫无异议由组织分配安排。"吃轧头""吃搁头":受挫。"吃轧档":两头受气。

还有眼吃个熟语,离"吃"个行为更加远,但也侪是辣"吃"个一些引申义项中发展出来个。像"吃官司":坐牢监。"吃弹皮弓":要求拨拒绝。"吃两头":民事调解,或利用优势两头施压,从两头取得好处。"吃上风":碰着好运道。"吃老公":公家吃喝,用公家钞票。"吃番斯":欢喜面孔好看个人。"吃功夫":耗精力,用功力技巧。"吃体力":用重体力。"吃灰尘":接受扑面而来个灰尘。"吃火车":受火车开过个阻挡而停止开车。"吃红灯":碰着红灯,只好停车。"吃地段":看重好个生活地域。"吃房型":看重好房型。"吃环境":看重环境好个地方。

行为是勿是好顺利展开,就像吃勿吃得着。像"吃得开":路路通,受欢迎。"吃得准":有把握。"吃勿落":吃勿下;行勿消,接受勿了。"吃勿消":受勿了,支持勿牢。"吃牢":认定,盯牢。"吃软":愿意接受委婉、柔顺个方式。"吃硬":接受直接不打弯、强硬个方式。"吃勿识头":吃苦头。

还有眼"吃"个俗语,变成功了别致个有蛮大概括力个形容词了,像"吃瘪":拨强势压倒搭坍;理亏而无言相对。"吃价":了不起,看勿出;值钞票。"吃香":受欢迎、入时。"吃重":费力道。"吃酸":棘手,难对付,懊恼。"吃老酸":无可奈何,呒没言话讲了。

以上这88个"吃……",侪是上海人从"吃"发散开去个"吃文化"哦。

(来源:学上海话)

老上海个中秋

作者：朱少伟
改编：张林龙
朗读：麦小姐

农历八月十五，是我伲传统个中秋佳节。辣辣老上海，伊也叫做"八月半"，搿日大家除脱吃月饼、欱桂花酒咾啥，还有勿少别个风俗。

张春华个《沪城岁时衢歌》里向讲："月盈良夜坐凭楼，无限明辉霁远眸。庭院开尊延赏处，二分秋色到中秋。"搿反映出老上海"斋月宫"（也就是"祭月"）个情景：月亮升起来个辰光，辣辣露天摆张台子，上头供月饼、瓜果咾啥，随着香烟飘逸，妇女先拜，男人后拜，也可以勿拜，因为月亮代表阴柔；接下来，就一家门吃顿团圆饭，真是邪气开心。"斋月宫"虽然具有祭祀个性质，但呒没规定个复杂礼节脱仔考究供品，勿需要弄得严肃来死，可以比较随意。

《上海县志》里向有"'八月半'，又为芋艿生日、毛豆生日"个讲法。辣辣老底仔，"毛豆荚烤芋艿"是大家过中秋必备个，所选个毛豆脱仔芋艿，侪是上海郊区个特产。本地个"红梗芋艿"，根部稍微带一眼粉红，燥了勿会糊涂涂，香糯爽口；本地个"牛踏扁"，因豆子个形状像拨牛踏过一样扁平肥大而得名，荚又长又宽，一燥就酥，有点甜津津个，拿搿两样物事摆辣辣一只镬子里向燥熟剥了吃，实在是别有一番风味。根据研究，搿种岁时风俗食品，是有美好含意个：毛豆荚里向排列好几粒豆子，象征了兄弟姐妹个团结；芋艿是用球茎繁殖个植物，绝对是"母子相依"，交关子芋侪附生辣辣母芋个周围，象征了阖家团圆。

李行南个《申江竹枝词》咏赞过"沪城八景",里向有"石梁夜月":"桂尊环饼搭秋光,处处氤氲朝斗香;结伴良宵出城去,陆家桥上月如霜。""陆家桥"就是陆家石桥,又叫做"万云桥"或者"学士桥",横跨靠近黄浦滩个小东门外方浜,就是今朝黄浦区个东门路,是明代弘治年间,进士陆深捐钞票建造个;桥身高廿四级,有环洞三只,中秋个夜里向,月影斜穿环洞投射到水面高头,被叫做"串月",辣搭也成为了一处观赏风景个胜地。老上海流行中秋"踏月",也叫做"走月亮",王韬个《瀛壖杂志》里向讲:"夜间妇女盛妆出游,互相往还,或随喜园亭,人静更阑,犹婆娑月下,谓之'踏月'。"周兆鱼个《潜溪杂咏》里向讲:"芋魁大豆瓣香烧,玩月相邀夜漏分。走过三桥风露重,凉痕怕浥藕丝裙。"夜空晴朗,精心打扮过个妇女们一道出门,迎着染桂花香个秋风默默向月亮女神倾诉心愿;伊拉侪要走过勿同个三顶桥,最后往往来到陆家石桥,虽然长裙已经拨秋露弄湿,但仍旧兴致勃勃观赏圆月个倒影,辣真是有诗意啊!

由于时代个变迁,中秋"斋月宫"脱仔"踏月"个风俗已经辣辣上海消失了,不过,吃"毛豆荚烤芋艿"个习惯却延续了下来。

倾城之恋(第一章)

作者:张爱玲
改编、朗读:麦小姐

　　上海为了"节省天光",拿所有个钟侪拨快了一个钟头。但白公馆里个人讲:"阿拉用个是老钟。"伊拉个十点钟是人家个十一点钟。伊拉赛过是唱歌脱了拍,跟勿上生命个胡琴了。
　　胡琴咿咿呀呀响起来,辣万灯齐亮个夜里,拉过来又拉过去,讲勿完苍凉个故事——唉,勿问也罢!……胡琴里个故事应当由光彩艳丽个戏子来扮演,长长个两片红胭脂夹牢琼瑶鼻,唱啊、笑啊,拿袖子管一挥,嘴巴也看勿见了……不过,此地只有白四爷一家头坐辣黑黜黜个破阳台高头,自家拉琴拨自家听。
　　就辣㑚辰光,楼底下个门铃响了。㑚排事体辣辣白公馆倒是难板有个,按老早个规矩,夜到是绝对勿作兴出去做人客个。夜到假使来了客人,或者是凭空里接着一封电报,除非是出了啥个勿得了个大事体,否则多数就是啥人"吪没"了。
　　四老爷停下了手里个动作,竖起耳朵来听。果然,三老爷、三太太、四太太一边哇啦哇啦一边上楼来,一时头浪也勿晓得伊拉辣讲点啥。阳台后头个堂屋里向,坐了六小姐、七小姐、八小姐,还有三房四房个小人们,㑚歌侪是一副吃勿准头里脉里个表情。四老爷从暗个阳台朝亮个房间里望,所以看了特别清爽。只看到门一开,三老爷穿了汗衫短裤,扯开仔两条腿立辣门槛高头,一边背过手去啪啦啪啦个赶蚊子,一边远远叫个对牢伊喊:"老四,侬猜猜是啥个事体? 喏,六妹离脱个埃位,生肺炎,死脱哎!"老四放下胡琴进了房间,问:"是啥人传来个口信啊?"老三讲,是徐太太。讲罢,又回过头用扇子去赶三太太:"侬跟得来轧啥闹猛啦,徐太太还辣辣楼底下咪,伊人胖,爬楼梯吃力,侬还勿去陪陪人家啊!"

等三太太跑开了,老四若有所思个讲:"死脱个一位好像是徐太太个亲眷哦?"

"是个呀。看样子,是伊拉屋里特为托徐太太来传口信拨阿拉个,辫里向当然是有啥意思个咾。"老三回答伊。

老四继续问:"伊拉难道是想让六妹去奔丧?"

老三用扇柄搔了搔头皮,接下去讲:"照道理讲呢,倒是也应该要去个……"有排言话只需要讲一半,两家头同时看了看边头个六小姐。白流苏坐辣房间个角落里,笃笃定定辣绣一双拖鞋。刚才两个阿哥一搭一档个唱双簧,根本吭没伊发表意见个份。辫歇,伊拉又用眼神问上来了,伊也就淡淡个开了口:"婚也离脱了,又去做伊个寡妇,勥拨人家笑了牙齿也落脱噢!"伊看上去再吭没别个意思了,继续绣鞋子。只有伊晓得自家手里侪是冷汗,忒滑了,连根针都捏勿牢,穿得过,拔勿出。

三老爷讲:"六妹啊,言话勿是辫能讲个。伊当初辰光是有老多对勿起侬个地方,辫点事体呢,阿拉侪是晓得个。现在,人也已经'吭没'了,难道侬还要记辣心里向吗?伊剩下来埃两个姨太太,眼看是要另外再寻户头个了。侬辫歇辰光大大方方个回去,帮伊戴孝主丧,啥人敢来笑侬啊?侬虽然吭没脱伊生过一男半女,不过伊介许多阿侄,随便侬拣一个,过房得来勿就好了嘛。辫家人家讲起来末,家当是败了差勿多了,但哪能也算是大人家,哪怕分拨侬间祠堂看看,总归也饿勿煞俺娘两家头了呀。"

白流苏冷冷个一笑:"哼,三阿哥倒是帮我侪考虑着了,可惜啊,晏了一步,我辫个婚,也已经离仔七八年了。照侬个讲法,当初埃些法律手续侪是弄弄白相、骗骗野人头个咾?阿哥啊,阿拉勿好脱法律寻开心个呀!"

三老爷个面子高头有眼挂勿牢了:"侬勥动勿动就拿搬法律搬出来,吓啥人啦!法律呀,今朝改明朝改,我帮侬讲个天理人情,三纲五常,辩个是勿可能变个!侬嫁拨了伊,活辣盖是伊拉屋里个人,死脱是伊拉屋里个鬼,所谓树高千丈,落叶归根——"

流苏也坐勿牢了:"侬辩言话,七八年前头做啥勿讲?"

"我埃歇是怕侬会多心,常怕阿拉勿肯收留侬。"

"噢~葛侬现在就勿怕我多心了?侬拿我点铜钿侪用光了,侬就勿怕我多心了?"

"我用了侬个铜钿?侬倒是讲讲看,我用了侬几个大钿啊?侬吃我个欲我个住我个,老早就算了,多个人不过多双筷子;侬现在出去打听打听看,米卖啥价钿啊?我勿脱侬提钞票,侬倒先讲起来了!"

四太太立辣老三背后头,冷笑了一声:"哼,侪是自家人,照道理勿应该分了介清爽个。不过,真要算算账,辩言话就长了!我老早就脱阿拉老四讲过:'侬去劝劝三阿哥呀,俫炒黄金炒股票,勿要去动六妹妹个私房,万一过着霉气哪能办!伊一出嫁,男人就变成功了败家精;回到娘家来,眼看娘家也要勿来事了——真真叫是天生个扫帚星啊!'"

"是个呀,弟新妇侬讲了有道理。阿拉埃个辰光假使呒让伊入股,绝对勿至于亏了辩能一塌糊涂个!"

流苏听伊拉辩能讲自家,气了浑身发抖,拿绣了一半个拖鞋面子抵牢下巴,只下巴仍旧抖得像要落下来一样。老三个言话还呒没停:"想当初侬哭出乌拉个回来,硬劲吵了要离婚,啥人叫我心肠软,看侬拨伊打了辩副样子,肉麻勿啦!乃末胸脯一拍立出来就讲:'离婚就离婚!我白老三虽然穷,但屋里哪能也养得起我妹子辩一碗饭个!'我只当俫小夫妻脾气极,吵脱两句,过一抢就会好个。大不了回娘家来住个三五年,哄一哄末也就过脱了。我假使晓得俫当真是要一刀两断,我会帮牢侬瞎来八来啊?拆散人家辩排事体,做了是要断子绝孙个。我也是有儿子个人,我还指望伊拉为我养老咪!"

流苏气到了极点,反要笑起来了:"呵呵,蛮好,蛮好,总归侪是我勿对!俫穷了,是我拿俫吃穷脱个;俫炒黄金炒股票蚀了老本,是我拿霉气过拨俫个;假使俫儿子死脱了,也是我缺德害煞伊个!"

四太太彻底光火了,一把抓过自家儿子个领头,拿小家伙个头去撞流苏,拔出啪咙就骂:"侬有毛病啊,瞎七搭八咒起小人来了!就凭侬辩句言话,我儿子假使有啥三长两短伤风咳嗽,我就寻着侬!"

流苏要紧拿身体一歪,迓过了。然后拉牢四阿哥叫伊评评理。老四哪能会帮伊呢,只管讲了几句风凉话:"侬勥极呀,阿拉再想想看,再商量商量看。三哥也是为了侬好……"流苏听伊辩能讲,恨起光火一甩手跑到里向房间去了。

里间既没开灯,隐隐约约个只看见伊个姆妈正陞辣挂珠罗纱帐子个红木大床高头,团扇轻摇,心事朦胧。流苏走过去,脚馒头一软,就跪了下来,扑牢床横头边哭边喊:"姆妈!"老太太耳朵还是蛮尖个,刚刚外间里个对话,伊侪听到了。

伊先清了清啪咙,摸过枕边个小痰盂罐吐了口痰,再慢悠悠个讲:"俫四阿嫂就是嘴巴侎,侬有啥好脱伊计较个呢。侬晓得个,各人有各人个难处,老四新妇个性格生来就蛮强势个,屋里一向是伊做主,偏偏俫四阿哥又勿争气,狂嫖滥赌,弄了一身毛病还勿算,千勿该万勿该个去挪了公账浪个铜钿,拿俫四阿嫂个台也坍光了,只好让俫三嫂来当家。伊心里殟塞,一直咽勿下辩口气。俫三嫂身体又勿好,要撑牢辩家人家,的确也是蛮衰痨个!所以呢,零零碎碎个事体,侬要多体谅体谅伊拉。"

流苏听得懂伊姆妈言话里向个避重就轻,自家也觉着呒没意思了,只好关脱勿响。

老太太翻了只身,面孔朝里,又继续讲:"嗨,早个两年,东拼西凑个,卖脱块田,还够吃两年。现在是勿来三了。我年纪介大,讲跑就跑个,也呒没本事再顾俫了,赛过酒水吃光,大家散场。侬跟牢仔我总归也勿是啥个生意经,我看侬还是回去哦,过房一个小人来养,苦个十几年,侬也就有出头日脚了。"

言话还呒没讲光,门帘动了一动,老太太问:"是啥人啊?"老四新妇探头进来讲:"哎,姆妈,徐太太还辣辣楼下头,等了脱侬商量七妹妹个婚事。"

"噢,我隔手就来,侬先去拿灯开开。"房间里亮了,老四新妇搀阿婆坐起来,服侍伊穿戴整齐。老太太问:"徐太太埃搭寻着合适个人了哦?"新妇回答:"听讲是个蛮好个人,就是年纪稍为大着两岁。""咳,咳",老太太咳了两声,讲:"宝络辫个小人,今年也廿四岁了,真是我个一桩大心事啊。白白里为伊急煞,还要拨人家讲,宝络勿是我亲生个,我是存心要耽搁伊!"新妇搀伊走到外间,老太太关照伊:"侬去拿我埃搭个新茶拿出来,搭徐太太泡一碗,绿颜色铁皮筒里个是大孃孃旧年带得来个龙井,高罐头里个是碧螺春,勿要弄错脱了。"老四新妇一面答应,一面喊人上来搭把手。只听到一阵脚步声,来了几个有力气个小工,相帮老妈子一道拿老太太扛到楼下去了。

(来源:麦唐作)

"京派"与"海派"

作者:鲁迅
朗读:钱乃荣

现在上海正辣辣加快文化中心个建设,弘扬上海个红色文化、海派文化得仔江南文化。啥个叫"海派"?辣辣20世纪30年代,上海报刊浪曾经有一趟海派脱仔京派个争论,为此,鲁迅先生发表了两篇文章,一篇是《"京派"与"海派"》,另外一篇是《"京派"和"海派"》。有人讲,鲁迅辣辣辩场京派脱仔海派个文化个争论当中,伊个立场是各打五十大板。事实上是哪能呢?事实上并非像有些人所讲个,鲁迅先生是坚定个立辣以现代商业为其基础个海派文化辩个一边个。

我现在来朗读鲁迅先生个辩个两篇文章。我读辩个两篇文章,一方面是想说明,上海话是可以用来读报刊浪刊登个任何书面文章个,另外一方面是在当今要继承脱仔发扬海派文化个精神个辰光,重新回顾一下当年鲁迅是哪能论说海派文化个。

先读鲁迅先生第一篇文章《"京派"与"海派"》,发表辣辣1934年2月3日个《申报·自由谈》浪向。

"京派"与"海派"

自从北平某先生在某报上有扬"京派"而抑"海派"之言,颇引起了一番议论。最先是上海某先生在某杂志上的不平,且引别一某先生的陈言,以为作者的籍贯,与作品并无关系,要给北平某先生一个打击。

其实,这是不足以服北平某先生之心的。所谓"京派"与"海派"，本不指作者的本籍而言，所指的乃是一群人所聚的地域，故"京派"非皆北平人，"海派"亦非皆上海人。梅兰芳博士，戏中之真正京派也，而其本贯，则为吴下。但是，籍贯之都鄙，固不能定本人之功罪，居处的文陋，却也影响于作家的神情，孟子曰："居移气，养移体"，此之谓也。北京是明清的帝都，上海乃各国之租界，帝都多官，租界多商，所以文人之在京者近官，没海者近商，近官者在使官得名，近商者在使商获利，而自己也赖以糊口。要而言之，不过"京派"是官的帮闲，"海派"则是商的帮忙而已。但从官得食者其情状隐，对外尚能傲然，从商得食者其情状显，到处难于掩饰，于是忘其所以者，遂据以有清浊之分。而官之鄙商，固亦中国旧习，就更使"海派"在"京派"的眼中跌落了。

而北京学界，前此固亦有其光荣，这就是五四运动的策动。现在虽然还有历史上的光辉，但当时的战士，却"功成，名遂，身退"者有之，"身稳"者有之，"身升"者更有之，好好的一场恶斗，几乎令人有"若要官，杀人放火受招安"之感。"昔人已乘黄鹤去，此地空余黄鹤楼"，前年大难临头，北平的学者们所想援以掩护自己的是古文化，而惟一大事，则是古物的南迁，这不是自己彻底的说明了北平所有的是什么了吗？

但北平究竟还有古物，且有古书，且有古都的人民。在北平的学者文人们，又大抵有着讲师或教授的本业，论理，研究或创作的环境，实在是比"海派"来得优越的，我希望着能够看见学术上，或文艺上的大著作。

现在来读鲁迅先生一年以后发表辣1935年5月《太白》杂志第2卷第4期浪向个文章：

"京派"和"海派"

去年春天，京派大师曾经大大的奚落了一顿海派小丑，海派小丑也曾经小小的回敬了几手，但不多久，就完了。文滩上的风波，总是容易起，容易完，倘使不容易完，也真的不便当。我也曾经略略的赶了一下热闹,在许多唇枪舌剑中,以为那时我发表的所说,倒也不算怎么分析错了的。其中有这样的一段——

……北京是明清的帝都,上海乃各国之租界,帝都多官,租界多商,所以文人之在京者近官,没海者近商,近官者在使官得名,近商者在使商获利,而自己亦赖以糊口。要而言之,不过"京派"是官的帮闲,"海派"则是商的帮忙而已。……而官之鄙商,固亦中国旧习,就更使"海派"在"京派"的眼中跌落了。……

但到今年春末,不过一整年带点零,就使我省悟了先前所说的并不圆满。目前的事实,是证明着京派已经自己贬损,或是把海派在自己眼睛里抬高,不但现身说法,演述了派别并不专与地域相关,而且实践了"因为爱他,所以恨他"的妙语。当初的京海之争,看作"龙虎斗"固然是错误,就是认为有一条官商之界也不免欠明白。因为现在已经清清楚楚,到底搬出一碗不过黄鳝田鸡,炒在一起的苏式菜——"京海杂烩"来了。

实例,自然是琐屑的,而且自然也不会有重大的例子。举一点罢。一,是选印明人小品的大权,分给海派来了;以前上海固然也有选印明人小品的人,但也可以说是冒牌的,这回却有了真正老京派的题签,所以的确是正统的衣钵。二,是有些新出的刊物,真正老京派打头,真正小海派煞尾;以前固然也有京派开路的期刊,但那是半京半海派所主持的东西,和纯粹海派自说是自掏腰包来办的出产品颇有区别的。要而言之:今儿和前儿已不一样,京海两派中的一路,做成一碗了。

到这里要附带一点声明:我是故意不举出那新出刊物的名目来的。先前,曾经有人用过"某"字,什么缘故我不知道。但后来该刊的一个作者在该刊上说,他有一位"熟悉商情"的朋友,以为这是因为不替它来做广告。这真是聪明的好朋友,不愧为"熟悉商情"。由此启发,仔细一想,他的话实在千真万确:被称赞固然可以代广告,被骂也可以代广告,张扬了荣是广告,张扬了辱又何尝非广告。例如罢,甲乙决斗,甲赢,乙死了,人们固然要看杀人的凶手,但也一样的要看那不中用的死尸,如果用芦席围起来,两个铜板看下,准可以发一点小财的。我这回的不说出这刊物的名目来,主意却正在不替它做广告,我有时很不讲阴德,简直要妨碍别人的借死尸敛钱。然而,请老实的看官不要立刻责备我刻薄。他们哪里肯放过这机会,他们自己会敲了锣来承认的。

　　声明太长了一点了。言归正传。我要说的是直到现在,由事实证明,我才明白了去年京派的奚落海派,原来根柢上并不是奚落,倒是路远迢迢的送来的秋波。

　　文豪,究竟是有真实本领的,法朗士做过一本《泰绮思》,中国已有两种译本了,其中就透露着这样的消息。他说有一个高僧在沙漠中修行,忽然想到亚历山大府的名妓泰绮思,是一个贻害世道人心的人物,他要感化她出家,救她本身,救被惑的青年们,也给自己积无量功德。事情还算顺手,泰绮思竟出家了,他恨恨的毁坏了她在俗时候的衣饰。但是,奇怪得很,这位高僧回到自己的独房里继续修行时,却再也静不下来了,见妖怪,见裸体的女人。他急遁,远行,然而仍然没有效。他自己是知道因为其实爱上了泰绮思,所以神魂颠倒了的,但一群愚民,却还是硬要当他圣僧,到处跟着他祈求,礼拜,拜得他"哑子吃黄连"——有苦说不出。他终于决计自白,跑回泰绮思那里去,叫道"我爱你!"然而泰绮思这时已经离死期不远,自说看见了天国,不久就断气了。

　　不过京海之争的目前的结局,却和这一本书的不同,上海的泰绮思并没有死,她也张开两条臂膊,叫道"来嚄!"于是——团圆了。

　　《泰绮思》的构想,很多是应用弗洛伊特的精神分析学说的,倘有严正的批评家,以为算不得"究竟是有真实本领",我也不想来争辩。但我觉得自己却真如那本书里所写的愚民一样,在没有听到"我爱你"和"来嚄"之前,总以为奚落单是奚落,鄙薄单是鄙薄,连现在已经出了气的弗洛伊特学说也想不到。

　　到这里又要附带一点声明:我举出《泰绮思》来,不过取其事迹,并非处心积虑,要用妓女来比海派的文人。这种小说中的人物,是不妨随意改换的,即改作隐士,侠客,高人公主,大少,小老板之类,都无不可。况且泰绮思其实也无可厚非。她在俗时是泼剌的活,出家后就刻苦的修,比起我们的有些所谓"文人",刚到中年,就自叹道"我是心灰意懒了"的死样活气来,实在更其像人样。我也可以自白一句:我宁可向泼剌的妓女立正,却不愿意和死样活气的文人打棚。

至于为什么去年北京送秋波,今年上海叫"来嚡"了呢?说起来,可又是事前的推测,对不对很难定了。我想:也许是因为帮闲帮忙,近来都有些"不景气",所以只好两界合办,把断砖,旧袜,皮袍,洋服,巧克力,梅什儿……之类,凑在一处,重行开张,算是新公司,想借此来新一下主顾们的耳目罢。

小囡勿肯讲上海言话个原因及对策

作者：丁迪蒙
朗读：丁迪蒙

上海小人现在多数侪勿讲上海言话了。勿管是年轻个家长还是长一辈个大大、阿奶、外公、外婆，侪辣搭小囡用普通言话讲言话。问伊拉为啥？所有个人侪讲：呒没办法呀，伊拉勿肯讲，讲勿来了呀！大家想想，辣五六岁到十七八岁语言发展最最关键个十几年里，上海小人讲个侪是普通言话，侬叫伊拉哪能再可能会得讲上海言话呢？

我认为，上海小囡勿肯讲上海言话个原因有得几个方面。

1. 幼儿园

有勿少小囡辣进幼儿园之前，已经跟牢父母或者是老一辈学会讲上海言话了，但是，一进入幼儿园，就失去讲上海言话个环境了。老师侪用普通言话搭伊拉讲言话。打招呼，讲故事，做游戏，搞活动，辣能一来，小囡讲上海言话个路就拨堵塞脱了，辣辣能个环境下头，伊个思维搭仔语言就全部转向了。因此，邪气快个，用勿着一个号头，伊拉个上海言话就侪忘记脱、讲勿来了。

虽然现在有勿少幼儿园也开始搭小朋友讲眼上海言话了，但只是限于读读简单个儿歌，比勿讲当然要好眼，绝大部分辰光里还是辣讲普通话。交际个环境呒没，实际浪也是勿起作用个。

2. 小学

小囡6周岁开始读小学，到进初中预备班，五年里向每天早浪向七点多就进校门了，要到下半天四五点钟再回到屋里去，辣毛十个钟头里向所有个课侪用普通言话上，思考问题、读书、同学之间个交流，辣一道讲言话，侪是普通言话。等到回到屋里向做功课了，伊拉用啥语言进行思维呢？同样是通用语，葛末，啥个辰光好去拨伊拉讲讲上海闲话了呢！

3．家庭

有勿少家长认为：普通话是官方语言，是强势语言，将来小人出去工作，要接触个是各种从各个地方来上海个人，交流起来当然是用普通话方便，让伊拉从小就讲普通话，是可以为伊拉今后发展带来好处个，讲勿来上海言话倒是勿紧个。所以，只要小囡讲普通言话，大人哪怕是讲得再勿好，伊也就跟牢伊讲洋泾浜个普通言话了。

再加上现在个小囡大多数是"80后"个子女。辫眼家长从读书开始就只讲普通言话了，自家也讲勿清爽，搭小囡也就只讲普通言话了。

因为普通言话讲得多，所以当小囡想讲两句上海言话个辰光，伊个语音听上去就邪气硬，用词勿对，发音也老怪个，就像外地人辣学上海言话一样。家长听到小囡讲得勿对就去笑话伊了，辫能一来末，小囡就觉着老没面子个，就再也勿肯讲了。

4．媒体

现在上海个电台、电视台播出个节目当中，只有少数谈家常琐事个用上海言话，绝大部分个节目侪是普通言话。小朋友欢喜个游戏、童话故事咾啥侪是用普通言话个。到电影院去看看电影，各种电影也侪是普通言话。出版个各种有声读物，也是普通言话一统天下个。

几个方面夹攻，小囡就再也没讲上海言话个机会了，葛末，要叫伊拉讲好就勿容易了。

幼童阶段是语言学习个最好时期，过脱11岁再去学，小囡就勿愿意学了。各地方言个传承事实已经证明，单靠家庭里向长辈辣屋里搭小人讲，同辈、同龄人之间相互交际个辰光勿讲、勿互相用上海话交际，是学勿会上海言话个。语言毕竟是交际工具，每日天讲，小朋友之间一道讲，就会得自动增加、扩充、传承各种词语，自动纠正错误，只有自由讲，形成自然个交际环境，再能学得会上海言话。勿必担心新上海人个小囡，只要跟上去讲，伊拉老快就会学会上海话。

现在已经呒没规定，下课辰光一定要讲普通言话，勿好讲方言了，但是已经形成个惯性—记头还转勿过来。哪能办呢？

针对现在个现状，我伲个对策是以下几点：

1. 学堂教育

小人进入幼儿园个年龄正好是语言形成搭仔发展最快个辰光。因此，应该让小朋友拿上海言话带进学堂，让伊拉有一定个语言环境，顺其自然个讲下去。教师可以用上海言话来讲故事，朗读短小简单个唐诗可以采用一遍上海言话、一遍普通言话个方式来教学。

小学个领导要采取措施，让上海小人有得讲自家家乡方言话个自由空间搭仔权利，让伊拉有得母语个根。下课课间休息个辰光，一定要鼓励同学之间用上海言话进行交流；教师搭学生谈话、聊天个辰光，也最好多用用上海言话，㤅能可以有种亲和力，可以拉近搭同学之间个距离。根本用勿着担心新上海人个子女是否听得懂，只要有交流环境，小人学语言是邪气快个。

语文课当然是要用普通话进行教学个，但有眼古代诗歌让学生用上海言话去朗读，应该也是老好个。因为上海言话里有完整个入声字，伊同古音是相协个。古音当中个入声韵，用上海言话朗读比用普通话更加接近古代个语音，听上去也是更加有味道个。

辣现在㤅种非常个环境下头，学堂里向可以辣拓展课里教教上海言话个。现在已经有眼学堂个一眼学生有得传承上海方言搭仔海派文化个意识了，辣课间，也已经有学生带头讲上海言话了，老师要多鼓励，多表扬表扬伊拉，形成一个讲上海言话个环境。

2. 家庭教育

家长辣自家屋里向一定要多讲上海言话，尽量少讲或者勿讲普通话。搭小囡讲言话、回答伊个问题个辰光，一定要多用上海言话。还要拿小囡刚刚问个问题用上海言话讲一遍，叫伊跟牢讲一遍。

还有，小囡个上海言话讲得再勿好听，辣开始个辰光一定多要表扬伊，讲伊讲得蛮好个，慢慢叫再讲拨伊听正确个词语，再去纠正伊个发音。

3. 新闻、出版、媒体

电视台里应该多播放一眼上海言话个节目,像《黑猫警长》上海言话版就老灵个。另外,还可以为小朋友特为配制一眼上海言话个童话故事咾啥。

出版社要多出版一眼上海言话个有声读物,像儿歌、绕口令、故事、古代小诗咾啥。

人类文化个载体主要有实物、文献搭仔口语三种,其中,口语承载个是更加原始、更加重要、更加丰富,也更加有得草根价值个文化。辣共同语得以推广个情景下头,方言个多样性可以进一步显现中华民族语言资源个丰富性,并使得共同语永远有得活水个源头。

从辫个意义浪来讲,传承搭仔发展上海言话,就是每一个上海人个责任了。

原上海市委书记韩正同志去年辣复旦大学做报告时回答学生个提问个辰光讲:上海是一座海纳百川的城市,我觉得年轻人应该弘扬普通话,传承上海话,会说外国话。上海语委负责人也曾经强调:要妥善处理好普通话和上海方言的关系,完整、全面理解并宣传好国家'推广普通话,但不消灭方言'的语言政策。

由此可知,国家是重视方言,也是允许方言地区个人使用自家本土语言个。推广普通话,只是为了各方言之间个人交流起来可以方便点,并勿是要消灭方言。要晓得,语言是呒没贵贱之分个,上海言话是吴侬软语个代表。